더 멀리, 더 빠르게!
미래 교통과 통신

1판 4쇄 발행	2025년 3월 26일
글쓴이	신선웅. 조남철
그린이	유남영
편집	이용혁 박재언 이순아
디자인	문지현 오나경
펴낸이	이경민
펴낸곳	㈜동아엠앤비
출판등록	2014년 3월 28일(제25100-2014-000025호)
주소	(03972) 서울특별시 마포구 월드컵북로22길 21, 2층
홈페이지	www.moongchibooks.com
전화	(편집) 02-392-6901 (마케팅) 02-392-6900
팩스	02-392-6902
전자우편	damnb0401@naver.com
SNS	

ISBN 979-11-6363-349-5 (74400)

※ 책 가격은 뒤표지에 있습니다.
※ 잘못된 책은 구입한 곳에서 바꿔 드립니다.
※ 이 책에 실린 사진은 위키피디아, 셔터스톡에서 제공받았습니다.

도서출판 뭉치는 ㈜동아엠앤비의 어린이 출판 브랜드로, 아이들의 지식을 단단하게 만들어 주고, 아이들의 창의력과 사고력을 키워 주어 우리 자녀들이 융합형 창의 사고뭉치로 성장할 수 있도록 좋은 책을 만들겠습니다.

펴내는 글

미래에는 얼마나 더 빠른 교통수단이 등장할까?
빠른 교통과 통신 발달이 정말 좋기만 할까?

　선생님의 질문에 교실은 한순간 조용해집니다. 인내심이 한계에 다다른 선생님께서 콕 집어 누군가의 이름을 부르는 순간 나는 걸리지 않았다는 안도감에 금세 평온을 되찾지요. 많은 사람 앞에서 어떻게 말을 해야 하나 고민해 보지 않은 사람은 없을 겁니다. 사람들 앞에서 자신의 생각을 조리 있게 전달하는 기술은 국어 수업 시간에만 필요한 것이 아닙니다. 학교 교실뿐만 아니라 상급 학교 면접 자리 또는 성인이 된 후 회의에서도 자신의 의견을 분명히 표현할 수 있어야 합니다. 하지만 어디서부터 시작해야 할지 몰라 입을 떼는 일이 쉽지 않습니다. 혀끝에서 맴돌다 삼켜 버리는 일도 종종 있습니다. 얼떨결에 한마디 말을 하게 되더라도 뭔가 부족한 설명에 왠지 아쉬움이 들 때도 많습니다.
　논리적 사고 과정과 순발력까지 필요로 하는 토론장에서 자신만의 목소리를 내려면 풍부한 배경지식은 기본입니다. 게다가 고학년으로 올라가서 배우는 수업과 진학 시험에서의 논술은 교과서 이상의 것을 요구합니다. 또한 상대의 의견을 받아들이거나 비판하기 위해서는 의견의 타당성을 검토하고 높은 수준의 가치 판단을 해야 하는 경우가 많은데, 자신의 입장을 분명히 하기 위해서는 풍부한 자료와 논거가 필요합니다.
　토론왕 시리즈는 사회에서 일어나는 다양한 사건과 시사 상식 그리고 해마다 반복되는 화젯거리 등을 초등학교 수준에서 학습하고 자신의 말로 표현할 수 있도록 기획

되었습니다. 체계적이고 널리 인정받은 여러 콘텐츠를 수집해 정리하였고, 전문 작가들이 학생들의 발달 상황에 맞게 스토리를 구성하였습니다. 개별적으로 만들어진 교과서에서는 접할 수 없는 구성으로 주제와 내용을 엮어 어린이 독자들이 과학적 사고뿐만 아니라 문제 해결력, 창의적 발상을 두루 경험할 수 있도록 하였습니다. 또한 폭넓은 정보를 서로 연결지어 설명함으로써 교과별로 조각나 있는 지식을 엮어 배경지식을 보다 탄탄하게 만들어 줍니다. 이러한 통합 교과형 구성은 국어를 기본으로 과학에서부터 역사, 지리, 사회, 예술에 이르기까지 상식과 사회에 대한 감각을 익히고 세상을 올바르게 바라보는 눈을 갖는 데 큰 도움이 될 것입니다.

『더 멀리, 더 빠르게! 미래 교통과 통신』은 과학기술의 발달로 점점 빠르고 편리해지는 교통과 통신에 대해 소개하는 책입니다. 단순히 과학기술의 측면에서 설명하지 않고, 우리 일상생활과 관련지어 어떻게 활용되고 있는지를 보여 줍니다. 가장 중요한 것은 미래 교통과 통신 기술이 얼마나 우리 삶에 도움이 되는지, 문제점은 없는지, 기술과 사람 사이의 윤리 문제 등을 함께 다룸으로써 어린이들이 사실과 더불어 비판적인 시각을 기를 수 있도록 돕습니다. 우리 어린이들이 책을 통해 미래에는 어떤 과학기술이 접목된 생활이 펼쳐질지 상상해 보고, 그 안에서 인간다운 삶이란 무엇인지 고민해 볼 수 있기를 기대합니다.

편집부

차례

펴내는 글 · 4
수상한 손님들 · 8

 **1장 그들이 사는 세상 · 11**

코로나의 습격

지금 그 말을 믿으라고?

과거에서 온 사람, 미래에서 온 사람

토론왕 되기! 지금은 사라진 통신 수단에는 무엇이 있을까?

 **2장 이것은 무엇에 쓰는 물건인고? · 37**

태블릿 PC 하나면 OK!

내일 날씨 좀 알려 줄래?

음성 검색? 난 그냥 생각해

토론왕 되기! 4차 산업 혁명 시대 통신 기술의 문제점은?

3장 더 멀리, 더 빠르게 · 59

내가 만약 새라면 너에게 날아갈 텐데

산 넘고 물 건너 바다 건너서

토론왕 되기! 지역 환경에 따라 교통수단이 다르게 이용될까?

 뭉치 토론 만화
빠른 교통수단이 무조건 좋을까? · 81

 4장 서서히 드러나는 바나나의 정체 · 89
엄마가 돌아왔다!
교통과 통신, 그 모호한 경계

> 토론왕 되기! 미래 교통수단은 현재 교통수단과 달리 어떤 점을 중심으로 개발되어야 할까?

 5장 한 걸음 더 가까이 · 109
함께하는 고민 그리고 약속

> 토론왕 되기! 인간의 존엄성 vs 기술 개발, 무엇이 먼저일까?

어려운 용어를 파헤치자! · 125

미래 교통과 통신 관련 사이트 · 126

신나는 토론을 위한 맞춤 가이드 · 127

 코로나의 습격

"망했어! 망했다고요! 이게 다 코로나 때문이야!"

"유하야. 진정해, 진정! 박람회는 또 열릴 거야."

"아아악! 내가 그동안 이 박람회를 얼마나 기다렸는데 결국 취소라니! 취소라니!"

나는 분하고 화나는 마음을 참을 수가 없어 발을 구르며 소리 질렀다. 그런 내 마음을 아는지 모르는지 엄마는 나지막한 목소리로 계속해서 날 타일렀지만 나는 너무 화가 나서 눈물이 다 날 것 같았다.

"언제 또 열리는데요? 코로나가 정말 끝나기는 하는 거예요?"

"글쎄…… 하지만 박람회가 아니더라도 미래 자동차에 대해 배울 기

회가 곧 생길 거야!"

"아, 그러니까 어떻게요오오! 박람회도 취소되었는데 무슨 다른 기회요! 아, 정말 화나요!"

202X년 미래 자동차 박람회. 자동차 덕후인 내가 작년부터 손꼽아 기다려 왔던 박람회였다. 하지만 이제 끝났다.

아무래도 박람회는 다시 열리지 않을 것 같다. 코로나 녀석이 완전히 사라지기 전까지는 말이다.

코로나바이러스는 우리의 일상을 완전히 바꾸어 놓았다.

정말이지 내 마음대로 할 수 있는 게 하나도 없다. 게임하러 피시방도 못 가고 애들이랑 자전거 타러도 못 나간다. 아빠도 지난주까지 회사에 가지 않고 집에서 일했다. 주말 저녁이면 엄마 아빠와 마트에 가서 이것저것 구경하고 아이스크림도 사 먹곤 했는데 이젠 마트에도 자주 가지 않는다. 엄마는 스마트폰 애플리케이션으로 장을 보고 집으로 물건을 배달시킨다.

거의 집 밖에 나가지 않지만 어쩔 수 없이 나가야 할 때는 마스크를 꼭 쓴다. 미세 먼지가 아무리 심해도 엄마 몰래 한 번씩 벗곤 했는데 이제는 아무리 답답해도 절대, 절대 벗지 않는다.

문제는 또 있다.

나는 올해로 3학년이 되었지만 학교도 자주 가지 못했다. 코로나바이러스는 전 세계로 퍼져 나가며 많은 사람의 목숨을 앗아갔다. 백신 개발에도 시간이 오래 걸렸고, 지금도 전 세계가 변종 코로나바이러스를 이겨 내기 위한 새로운 백신과 치료제 개발에 힘쓰고 있다.

엄마와 아빠는 여전히 학생들 사이에서 집단 감염이 발생할까 걱정하고 있다. 학교나 학원에서 친구들을 만날 때도 조심해야 한다. 코로나는 우리의 일상생활을 완전히 바꾸어 놓았다.

아. 무. 튼 이 멍청한 코로나바이러스 때문에 내가 그토록 기다리던 미래 자동차 박람회도 결국 취소되고 말았다. 세계 각국 자동차의 역사는 물론 하늘을 나는 자동차를 눈으로 볼 수 있는 절호의 기회였는데! 나도 커넥티드 카보통 무선랜이 장착되어 인터넷 접속이 가능한 자동차 좀 타 보자고! 아오. 진짜!

"이제 그만 진정하고 온라인 학습에 접속하렴. 수업 들어야지."

"학교도 가고 싶어요. 이게 뭐예요 진짜! 친구들 만나고 싶다고요!"

"그래도 이렇게 집에서 수업을 들을 수 있다는 게 어디야? 수업 진도를 다 떼지 못하면 다음 학년으로 진급할 수 없어. 원격 수업이 제대로 진행되는 나라도 많지 않을 거라고. 한국만큼 스마트 기기 보급률이나 고속 인터넷 사용률이 높은 나라도 없다고 하더구나. 한국 통신 발전에 고마워해야 해!"

"아…… 뭐 그건 그렇죠. 체."

나는 엄마 말에 할 말이 없어졌다. 맞는 말씀이었으니까 말이다. 인터넷 기사를 읽어 보니 한국만큼 온라인 수업이 잘 이루어지고 있는 나라도 별로 없는 것 같았다. 아무튼 나도 이제 온라인 수업에 많이 적응

했다.

학교 온라인 학습 공간에 접속해서 매일매일 수업을 듣고 출석 확인 댓글을 달고 숙제도 게시판에 제출한다. 그리고 체육이나 음악은 엄마 아빠와 함께 실습해 보고 배움 노트에 느낀 점도 꼬박꼬박 적고 있다.

물론 독서 노트도 일주일에 두 번씩 빼먹지 않고 쓰고 있다. 사회적 거리 두기 단계가 좀 나아져서 학교에 가게 되면 제출해야 하니까 그때그때 준비해 놓아야 한다.

암튼, 코로나 이 녀석 진짜 마음에 안 들어! 근데 아까 엄마가 한 말이 무슨 뜻이지? 미래 자동차에 대해 배울 기회가 곧 생길 거라고? 혹시 다른 박람회라도 열리는 건가?

 지금 그 말을 믿으라고?

'띠리리리리리 띠리리리.'

동네 친구 유영이와 영상 통화로 서로 제기차기 개수를 세 주고 있을 때였다. 누군가가 초인종을 눌렀다. 지하 주차장에 다녀오겠다고 나갔던 엄마인가? 아니지. 엄마가 초인종을 누를 리가 없잖아? 그냥 현관 비밀번호 누르고 들어오면 되는데. 그럼 이 시간에 누구지? 나는 어리둥절한 마음으로 인터폰을 들여다보았다. 엥? 이, 이 사람들 뭐야?

"누, 누구세요?"

나는 인터폰에 대고 물었다. 화면 속에는 처음 보는 사람들이 서 있었다. 아저씨 두 명과 아줌마 한 명이었다. 내 목소리가 들렸는지 인터폰 화면 속 아저씨들은 깜짝 놀라며 크게 소리쳤다.

"거…… 거 거기 누구시오? 사…… 사 사람이 있소?"

"네? 그게 무슨……?"

"김은영 박사 집에 있나요?"

말을 더듬는 아저씨 두 명 사이로 옆에 있던 아줌마가 얼굴을 불쑥 들이밀며 엄마 이름을 불렀다. 김은영…… 바…… 박사?

"저기, 김은영 씨는 저희 엄마인데요. 지금 집에 안 계세요. 근데 누구세요?"

나는 갑작스러운 상황에 당황했지만 침착하게 물었다.

"일단 문 좀 열어 봐요. 우린 김은영 박사를 찾아왔어요."

아줌마는 다급한 목소리로 말했다. 문을 열어 달라고? 당신들이 누군 줄 알고 문을 열어 줘? 게다가 요즘 어떤 시국인데 마스크도 안 하고 다른 사람 집에 찾아오는 거지?

"일단 엄마한테 전화해 볼게요. 잠깐만 기다리세요. 그리고 다들 마스크 안 쓰셨어요? 마스크 없으면 못 들어와요."

"마…… 마스크? 마스크가 무엇이냐?"

"아, 그러지 말고 문부터 열어 봐, 얘야. 안 그러면 우리가 직접 열고 들어갈 거야!"

사람들은 인터폰에 대고 각자 떠들었다. 나는 급하게 스마트폰을 찾아 엄마에게 전화를 걸었다. 어떻게 하겠다는 건지 모르겠지만 아줌마는 문을 열어 주지 않으면 직접 열고 들어오겠다고 무섭게 말했다. 나는 괜히 가슴이 두근거렸다.

이런, 엄마가 전화를 안 받는다. 어떡하지? 인터폰 화면이 꺼지자 사람들은 또다시 초인종을 눌렀다. 그때였다. 띠링, 하고 엄마에게서 톡이 왔다.

'유하야, 집에 손님 오셨지? 다들 엄마 아는 분들이니까 걱정하지 말고 문 열어 드려. 엄마 곧 갈게. 손님들에게 잠시만 기다려 달라고 전해 주렴.'

'알겠어요. 빨리 오세요.'

엄마가 전화를 받지 못하는 상황인가 보다. 근데 대체 어딜 간 거지? 나는 엄마 톡을 확인하고 다시 인터폰 화면을 살폈다.

"야야, 조유하! 누구야? 누구 왔어? 너 방금 13개 찼다. 이번엔 내가 이겼음!"

태블릿 PC 화면 속 유영이가 나를 불렀다. 내가 화면에서 사라지자 무슨 일인가 싶어 궁금했나 보다.

"자, 잠깐만! 엄마 손님이 오셨어. 끊지 말고 기다려 봐!"

나는 유영이를 뒤로하고 현관으로 달려 나갔다. 좀 찝찝하긴 하지만 엄마가 괜찮다고 했으니 별일 없겠지.

"어이쿠, 열렸구나! 열렸어!"

"아휴, 왜 이렇게 오래 걸려? 김 박사 안에 있지? 김 박사! 나 왔어. 김 박사아아!"

내가 문을 열자 사람들은 쏟아지듯 집 안으로 들어섰다.

"아! 자, 잠시만요! 다들 손 먼저 씻어 주세요! 마, 마스크는요?"

"우와. 여기가 진짜 미래 사람들이 사는 집이란 말이오?"

하얀 두루마기를 입고 수염을 길게 기른 아저씨가 휘둥그레진 눈으로 집 안을 살피며 말했다.

"이 정도에 놀라다니. 진짜 미래가 어떤 모습인지 모르시는군."

반짝반짝 눈부시게 빛나는 정장을 입은 아줌마는 아저씨를 무시하듯 말했다. 나 역시 사람들의 모습에 잠시 할 말을 잃었다. 대체 이 사람들 정체가 뭐지? 앗, 잠깐! 깜빡했다. 내가 이럴 때가 아니지. 모두 손부터 씻게 해야 해!

"저, 죄송한데 모두 이쪽으로 와 주세요. 손 좀 씻어 주시겠어요?"

"오호. 이게 미래 사람들의 인사법인가 보군. 그리하리다."

아저씨, 아줌마는 생각보다 순순히 내 말을 따라 주었다. 나는 차례로 손을 씻고 나온 사람들을 거실 소파로 안내했다. 아저씨들은 계속 두리번거렸고, 아줌마는 갑자기 무언가 생각이 났는지 고개를 끄덕이며

말했다.

"그러니까 이 세계는 아직 코로나바이러스가 종식되지 않은 상태로군. 그렇지, 꼬마야?"

"아, 네. 맞아요. 그런데요?"

나는 여전히 손님들이 수상했다. 하지만 엄마가 아는 분들이라고 했으니…….

"물이라도 드릴까요?"

"물은 됐고. 그래서 김 박사는 어디 있는 거지? 저쪽에 있나?"

성질 급해 보이는 아줌마는 계속해서 엄마를 찾았다. 아까 엄마는 지금 집에 없다고 말했을 텐데? 내 말은 아예 안 듣는 건가? 아줌마는 여전히 주방 쪽을 기웃거렸다.

"엄마는 잠시 외출하셨어요. 근데 곧 오신대요."

"그렇구먼. 그럼 물 한잔 부탁하오, 에헴."

물을 가지러 주방으로 가는 사이에도 손님들은 자기들끼리 시끄럽게 떠들었다. 나는 귀를 쫑긋 세워 수상한 손님들의 대화를 엿들었다.

"아, 그러니까 내 말대로 봉수대에 불을 피웠으면 됐을 거 아니오!"

"나리…… 아, 아무리 그래도 봉수는 왜적이 침입했다거나 하는 나라에 중대한 일이 생겼을 때 사용하는 것이……."

"그게 무슨 말이에요?"

 과거에서 온 사람, 미래에서 온 사람

나는 탁자 위에 물을 올려놓으며 아저씨들에게 물었다. 봉수대? 책에서 본 적 있는 것 같은데. 옛날 통신 수단 중 하나인 그 봉수대 말하는 거 맞나?

"이게 다 바하반지 바하난지 하는 이 여자 때문이다!"

나리라고 불리던 아저씨가 아줌마에게 손가락질하며 버럭 화를 냈다.

"내가 뭘요? 봉수대? 거기 불을 피워서 어느 세월에 도움을 요청해요? 아니, 그리고 거기다 불을 피웠다가 사람들이 나를 왜적이라고 오해하면 어쩌려고요?"

아줌마의 말에 아저씨가 발끈하며 말했다.

"보, 봉수가 좀 그러면 용고를 두드리거나 나각을 불어서 도움을 요청할 수도 있었잖소! 당신이 왜적이 아니라는 것은 우리가 설명해 주면 되고. 어쨌든 나라 안에 내로라하는 대장장이들을 불러 모아 그 요상한 가마를 고칠 수도 있었는데!"

"북을 두드리든 나팔을 불든 대체 언제 기술자들을 불러 모으냔 말이에요!"

"모, 모르는 소리! 요즘은 봉화도 부산에서 한양까지 12시간, 반나절이면 닿는다는 걸 모르니 하는 소리지!"

과거 통신 수단의 종류와 쓰임

전화나 인터넷이 없던 과거에는 중요한 소식을 전하기 위해 어떤 방법을 사용했을까요? 통신 수단이란 정보를 전달하기 위해 사용하는 방법 또는 도구를 뜻합니다.

방(榜) 사람들이 많이 모이는 곳에 글을 써서 붙여 놓는 것을 말해요. 과거에는 방을 이용해 주로 과거 시험 합격자를 알리거나 나쁜 일을 저지르고 도망친 사람을 공개적으로 수배했어요. 지금도 게시판 형식으로 활용하는 방법이에요.

서찰 편지나 서신을 뜻하는 말입니다. 사람이 직접 먼 길을 오가며 서찰을 전달했기 때문에 많은 시간이 걸렸다는 것이 단점이에요.

신호연 적이 침입했을 때나 전투 중에 아군에게 암호를 전달하기 위해 연에 그림을 그려 띄웠어요. 임진왜란 당시 이순신 장군이 고안한 것이에요.

새 자신이 있던 곳으로 돌아가려는 '귀소 본능'이 뛰어난 비둘기의 특징을 이용해 비둘기 다리에 편지를 묶어 소식을 전했어요. '전서구'라고도 불려요.

악기 전쟁이 났을 때 군사 소식이나 작전을 알리는 데 사용했어요. 주로 '용고'라는 북을 사용했는데 본래 연주용으로 만들어진 악기 중 하나였으나 차츰 군사 작전에 쓰였죠. 소라 껍데기로 만든 군악기 '나각'을 이용하기도 했어요.

봉수 과거 통신 수단 중 가장 빠르다고 알려진 봉수는 높은 산에 설치된 봉수대에 낮에는 연기, 밤에는 횃불을 피워 소식을 알렸어요. 적의 침입 등 위급한 상황에서 주로 사용했으며 봉수를 이용하면 각지에서 보낸 소식이 한양까지 도착하는 데 반나절(12시간)이면 되었다고 해요.

파발 나라에 중요한 일이 생겼을 때 서찰에 내용을 적어 병사를 시켜 전달하는 방법이에요. 말을 타고 가서 전하거나(기발) 사람이 직접 걸어가서(보발) 소식을 전했지요. 봉수보다 시간은 좀 더 걸리지만 정확한 정보 전달이 가능하다는 것이 장점이에요.

아줌마는 한숨을 쉬며 대답하기도 귀찮다는 듯 고개를 절레절레 흔들었다.

"봉수? 용고? 나각? 이게 다 무슨 말이에요? 아저씨, 아줌마…… 대체 정체가 뭐예요?"

난 도무지 아저씨, 아줌마의 대화를 이해할 수가 없어서 단도직입적으로 물었다. 순간 세 사람은 서로를 쳐다보며 눈만 끔뻑였다.

"그, 그러니까…… 우리는…… 이걸 어디서부터 설명해야 할까요, 나리?"

"거참, 답답하시네. 내가 설명해 줄게. 여기 이 두 남자는 이 시대를 기준으로 과거에서 왔고 난 미래에서 왔어. 다시 말해 이 사람들은 과거 사람, 난 미래 사람이라는 뜻이야. 내가 에어 택시를 타고 집에 가는 길에 에어 택시가 오작동하면서 이 사람들이 있는 과거로 불시착했지. 두 사람이 내가 미래로 갈 수 있도록 어떻게든 도와 보려고 했지만 불가능했고, 그러다 갑자기 에어 택시에 시동이 걸려 이 사람들까지 데리고 지금 여기로 다시 불시착하고 말았단다. 일이 더 커진 셈이지. 이젠 이 두 사람을 과거로, 나를 미래로 무사히 돌려보낼 누군가의 도움이 필요해. 그리고 그게 바로 너희 엄마, 김은영 박사란다."

아줌마는 답답하다는 듯 아저씨의 말을 끊고 자기 할 말을 했다. 대체 이게 다 무슨 소리지? 과거? 미래? 에어 택시는 또 뭐야? 불시착?

"김은영 박사요? 엄마 이름은 맞는데……. 저희 엄마는 그냥 평범한 주부예요."

가장 이상한 건 이 수상한 손님들이 우리 엄마를 계속해서 김 박사라고 부른다는 거였다. 그리고 엄마가 자기들을 각자의 세계로 돌려보내 줄 수 있을 거라고 굳게 믿고 있었다. 아무래도 집을 잘못 찾아온 게 아닐까?

"미래에서도 김 박사의 존재는 미스터리하지. 오직 국가하고만 소통한다고 알려져 있어. 그러니 이 시대에서도 순순히 정체를 드러내며 살고 있을 거로 생각하진 않았단다. 못 믿겠지만 너희 엄마는 '202X년 미래 교통 통신 연구소' 소속 박사란다. 다시 한번 말하지만, 지금으로선 김은영 박사가 우리를 각자의 세계로 보내 줄 수 있는 유일한 사람이라는 게 빔의 판단이지. 빔에 대해서는 따로 소개해 줄게."

아줌마는 혼란스러워하는 나를 바라보며 설명했다.

"미, 미래 연구소요? 거긴 또 어디예요?"

"우리도 어디서부터 어디까지 이 여자의 말을 믿어야 할지 모르겠지만……. 확실한 것은 우리가 과거에서 왔다는 거란다. 이 여자가 타고 온 괴상한 가마가 갑자기 요란한 소리를 내며 움직이기 시작한 바람에 우리가 미처 가마에서 내리지 못하고 이곳까지 따라오게 됐지. 아, 소개가 늦었군. 내 이름은 전영실, 이쪽은 내 일을 돕는 나봉수란다."

"아, 안녕하세요. 전 조유하예요. 대한 초등학교 3학년이죠."
전영실 아저씨의 자기소개에 나도 얼떨결에 내 소개를 했다.
"내 이름은 바하나. 난 미래에서 왔고 에어 택시 개발자야. 우리가

타고 온 에어 택시는 이곳에 불시착하면서 갑자기 사라져 버렸어. 난 잃어버린 에어 택시를 빨리 찾아야 해. 참, 아까 빔에 대해 소개해 준다 했지? 빔, 단독 로봇 모드로 변형."

"로봇이라고요?"

그때였다. 아줌마가 몇 마디를 내뱉자 입고 있던 정장 재킷이 허공으로 떠오르더니 곧장 사람의 모습으로 바뀌었다. 나봉수, 전영실 아저씨와 나는 눈앞에서 벌어진 일을 믿을 수 없어 입이 떡 벌어졌다.

"으아아악! 이건 또 무엇이오! 으아악!"

1장 그들이 사는 세상

눈을 두어 번 끔벅이던 전영실 아저씨는 귀신이라도 본 것처럼 갑자기 마구 소리를 질렀다. 아니, 이게 대체 뭐지? 지금 내가 뭘 본 거야?

"이게 뭐, 뭐예요?"

"뭐긴. 웨어러블 로봇이지. 입. 는. 로. 봇! 몰라? 아, 202X년엔 아직 이것도 없단 말이니? 답답하다 정말. 인사해, 얘는 내 웨어러블 로봇 '빔'이야."

"안녕? 반가워! 난 빔이야. 네가 김은영 박사님 아들 유하구나."

옷이 사람 형태로 변한 것도 모자라 마, 말까지 하다니? 게다가 빔이라는 이 사람은 나와 엄마에 대해서도 잘 알고 있는 것 같다. 아니지. 입는 로봇? 분명 조금 전까지 바하나 아줌마가 입고 있던 재킷이었는데. 빔이라는 로봇은 어느새 고등학생 정도로 보이는 누나의 모습이 되어 나를 보고 빙긋 웃고 있었다.

세상에나. 내가 지금 꿈을 꾸고 있는 건가?

빔! 너의 정체가 궁금해!

여러분은 착용 기술(웨어러블 테크놀로지, Wearable Technology)에 대해 들어 본 적이 있나요? 착용 기술이란, 정보 통신 기기를 손목이나 팔, 머리 등 몸에 지니고 다닐 수 있게 만든 기술을 뜻해요.

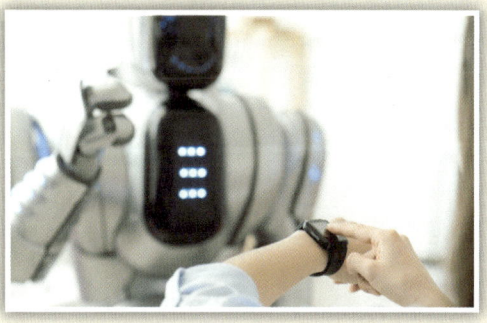

웨어러블 로봇   말 그대로 입는 로봇이라고 생각하면 돼요. 옷처럼 우리 몸에 착용할 수 있는 로봇으로 사람의 움직임을 돕거나 더 큰 힘을 발휘할 수 있도록 도와줘요. 예를 들어, 장애인이나 다리 힘이 약한 노약자들이 웨어러블 로봇을 착용하면 다른 사람의 도움을 받지 않고 혼자 걸을 수 있답니다. 또한 무거운 배낭과 무기를 늘 지니고 다녀야 하는 군인이나 위험한 재난 현장에서 무거운 장비를 들고 움직여야 하는 소방관에게 큰 도움이 되지요.

웨어러블 컴퓨터   웨어러블 컴퓨터는 입는 컴퓨터라고 볼 수 있어요. 컴퓨터를 옷이나 안경, 시계 등으로 만들어 착용하는 것이지요. 스마트 워치가 바로 웨어러블 컴퓨터의 종류예요. 스마트폰과 연동해서 쓸 수 있는 스마트 워치는 통신 기술이 접목되어 전화를 받거나 걸 수 있고 문자나 이메일을 보낼 수도 있죠. 또한 스마트 워치에 달린 카메라를 이용해 사진을 찍을 수도 있고 날씨나 지도 검색도 가능해요. 이외에도 스마트 밴드, 스마트 마스크, 스마트 안경 등이 모두 웨어러블 컴퓨터에 속해요. 미래에는 유하네 집을 찾아온 '빔'처럼 컴퓨터 기능을 포함한 웨어러블 로봇이 등장하지 않을까요?

한눈에 보는 통신 수단 변천사

원시적 통신
악기의 소리를 이용하거나 불빛, 연기 등을 이용해 정보를 전달. 날씨나 거리의 영향을 받으며 구체적이고 자세한 정보 전달이 어렵다.

종류: 북, 나팔, 횃불, 연기, 신호연 등

문자를 이용한 통신
파발이나 보발을 이용한 서찰(서신), 방 등 문자를 이용한 정보 전달 방식으로 구체적이고 자세한 정보 전달이 가능하지만 시간과 비용이 많이 든다.

종류: 파발이나 보발을 이용한 서찰(서신), 방 등

전기 통신
날씨나 거리의 영향을 전혀 받지 않으면서 자세한 정보 전달이 가능하다. 또한 한방향뿐 아니라 양방향 소통(동시에 서로 정보 교환이 가능)이 가능하다.

종류: 전화, 인터넷, 내비게이션 등

컴퓨터와 정보 통신 기능의 발달

라디오와 텔레비전 발명

- 원시적 통신
- 문자를 이용한 통신
- 전기 통신

자료: 우리역사넷

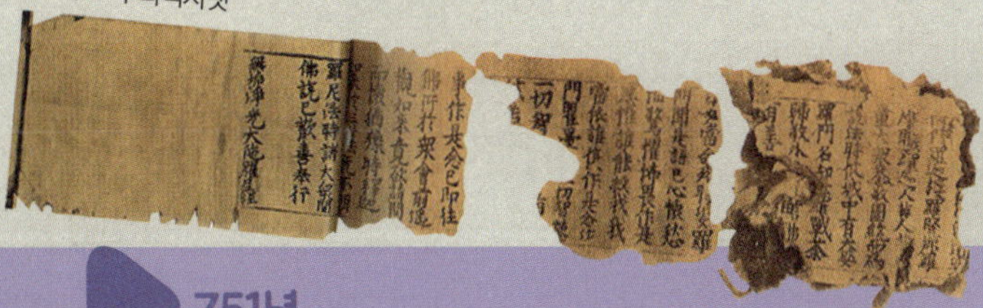

자료: 뉴욕 공립 도서관

751년
목판 인쇄
(무구정광대다라니경)

1455년경
금속 활자 인쇄
(구텐베르크)

최초의 전화 특허 등록
(알렉산더 그레이엄 벨)
1876년

전신기 발명
1850년

지금은 사라진 통신 수단에는 무엇이 있을까?

과거에는 존재했지만 지금은 역사 속으로 사라진 통신 수단 또는 통신 기기에는 무엇이 있을까요? 그리고 그것들은 왜 사라져야만 했을까요? 경제성, 편리성 등과 더불어 현대 통신 기기가 지녀야 할 필수적인 속성은 또 무엇이 있을까요? 유하와 유영이의 대화를 읽으며 친구들과 함께 현대 통신 수단에 대한 생각을 나누어 봐요.

 조유하! 8282 우리 집으로 좀 와 봐. 우리 7942 맞지?

 응? 뭐라고? 너희 집 비번 7942라고?

 너 이거 몰라? 빨리빨리(8282), 친구사이(7942)?
이거 드라마 '대답하라 1997'에 나오잖아!
옛날 어른들이 삐삐 칠 때 썼던 암호 같은 거래. 크크크.

 삐삐? '대답하라 1997'? 이게 다 뭔 소리야.

 너 삐삐 몰라? 옛날 통신 수단 삐삐! 우리 엄빠가 젊었을 땐 스마트폰이 없었잖니. 너네 엄빠도 삐삐 하나씩 가지고 있었을걸.

 아이! 그 작고 네모난 기계? 자세히는 몰라. 책에서 지나가듯 본 것 같기도 하고?

 암튼 내가 드라마에서 처음 보고 넘 신기해서 삐삐에 대해서 조사를 좀 해 봤지. 삐삐의 정식 명칭은 무선 호출기야. 연락을 받을 수만 있고 내가 상대방한테 다시 연락하려면 삐삐가 아닌 전화를 이용해야 했대. 그리고 숫자만 보낼 수 있어서 '나한테 연락 좀 해 줘!'라는 뜻으로 삐삐를 친 사람이 자기 전화번호를 남기거나 아님 숫자를 암호처럼 쓰기도 했대. 우리도 삐삐 하나씩 사서 스마트폰 대신 쓸까? 재밌겠지?

말만 들어도 답답하다. 양방향 통신도 아닌 데다 문자도 안 되고 딸랑 번호만 뜬다고? 까똑에 대답 조금만 늦어도 영상 통화 걸고 전화 10통씩 하는 네가? 삐삐를 쓴다고?

아니, 그러니까 내 말은, 재밌잖아!

우리가 통신 기기를 왜 사용하냐? 서로 정보나 소식을 전하기 위해서잖아. 특히 요즘은 스피드가 생명인데 전화 걸어서 번호 남기고 또다시 나한테 전화 걸어 주길 기다리라고? 차라리 비둘기를 보내라. 아님 해리 포터처럼 부엉이로 할까?

우리 사이에 뭘 그렇게 빨리 전해야 하는 소식이 있다고 그래? 그냥 재미 삼아 써 보자는 거지! 지난번엔 무전기도 싫다더니 이젠 삐삐도 싫냐! 그리고 한방향 통신에도 나름 장점은 있어! 음…… 그러니까…… 음…….

사람들이 더는 삐삐를 사용하지 않는 데는 다 이유가 있어. 특히 너처럼 성질 급한 사람은 절대 못 쓸 듯!

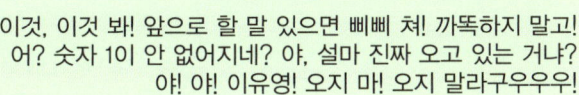
야야! 너 딱 기다려. 당장 너네 집 쳐들어간다!

이것, 이것 봐! 앞으로 할 말 있으면 삐삐 쳐! 까똑하지 말고! 어? 숫자 1이 안 없어지네? 야, 설마 진짜 오고 있는 거냐? 야! 야! 이유영! 오지 마! 오지 말라구우우우!

어른들에게는 추억의 통신 수단이었던 삐삐. 이 통신 수단과 지금의 통신 수단의 차이를 생각해 보고, 앞으로는 어떠한 통신 수단이 나올 것인지 이야기해 보세요.

선 긋기

다음은 과거 통신 수단의 종류와 쓰임에 대한 나열입니다. 각 용어와 설명을 알맞은 것끼리 연결해 보세요.

1. 봉수

2. 방

3. 파발

4. 신호연

㉠ 나라에 중요한 일이 생겼을 때 서찰이나 서신에 내용을 적어 병사를 시켜 전달하는 방법. 말을 타고 가서 소식을 전하는 기발, 사람이 직접 걸어가서 소식을 전하는 보발로 나뉜다.

㉡ 과거 통신 수단 중 가장 빠르다고 알려져 있다. 낮에는 연기를, 밤에는 불을 피워 나라의 위급한 상황을 알렸다.

㉢ 전투 중 아군에게 암호를 전달하기 위해 만들어졌다. 임진왜란 당시 이순신 장군이 직접 만든 것으로 부하들만 알아볼 수 있는 암호를 이곳에 그려 넣고 하늘에 띄워 명령을 내렸다고 전해진다.

㉣ 사람들이 많이 다니는 길거리나 많이 모이는 곳에 글을 써서 붙여 놓는 것을 말한다. 오늘날의 게시판과 같은 역할을 했다.

정답: ①-㉡, ②-㉣, ③-㉠, ④-㉢

2장
이것은 무엇에 쓰는 물건인고?

 태블릿 PC 하나면 OK!

"야! 조유하! 조. 유. 하! 대답해!"

"으아아아악! 이건 또 어디서 나는 소리냐!"

전영실 아저씨는 또 한 번 고함을 쳤다. 거실 바닥에 놓여 있던 태블릿 PC에서 유영이 목소리가 들렸다. 갑자기 집에 쳐들어온 수상한 손님들 때문에 유영이와 영상 통화 중이었던 걸 깜빡했다. 이크.

"미, 미안!"

"아, 조유하! 진짜 너무하네! 너 은근슬쩍 제기차기 질 것 같으니 모른 척한 거지? 내가 2개 더 찼으니까 이긴 거다! 앙?"

"이, 이것은 또 무엇이냐? 이 사람은 어떻게 여기 들어간 것이냐?"

나와 유영이는 영상 통화로 체육 수업 실습 중이었다. 나는 제기 차는 모습을 찍느라 바닥에 내려놓았던 태블릿 PC를 거실 탁자에 다시 올려놓았다. 유영이는 기다린 시간이 억울했는지 화면에 대고 씩씩댔다. 아저씨들은 또 한 번 눈이 휘둥그레지며 태블릿 PC를 의심스러운 눈으로 바라보았다.

"아, 미안 미안. 손님들이 오셔서 정신이 없었어."

"근데 누구야? 코로나 때문에 우린 만나지도 못하고 맨날 이렇게 영상 통화만 하는데 어른들은 왜 막 찾아오고 그러냐?"

아저씨들은 유영이와 영상 통화하는 내가 신기했는지 등 뒤에서 기웃거렸다. 유영이는 화면에 보이는 아저씨들을 보면서 계속 누구냐고 물었다.

"아, 그게…… 말하자면 길어. 아무튼 엄마 찾아오신 분들이셔. 곧

가실 거야."

나는 유영이에게 어디서부터 어디까지 설명을 해야 할지 몰라 난감했다.

"우, 우리가 보이시오?"

화면 속 유영이가 손님들을 궁금해하자 아저씨들은 화들짝 놀랐다. 그리고는 이제 아예 나를 밀어내고 태블릿 PC 앞에 앉았다.

"오호라! 여, 여기 작게 우리 얼굴이 보이는구먼. 이건 청동도 아닌 것이 유리도 아닌 것이…… 무엇으로 만든 거울이냐?"

"거울이요? 아저씨 누구세요? 태블릿 PC 처음 보세요?"

화면 속 한구석에 자기 얼굴이 보이자 신기한지 아저씨는 계속해서 태블릿 PC로 얼굴을 들이밀었다. 이걸 어쩌지? 나는 이 상황을 어떻게 수습해야 할지 막막했다. 그런 내 기분을 아는지 모르는지 유영이는 아저씨들에게 관심을 보이며 말을 걸기 시작했다.

"복장을 보니 과거에서 오신 분들이신가요?"

"아, 아니 그것을 어찌 아느냐?"

유영이의 말에 나는 흠칫 놀랐다. 뭐야, 이유영…… 어떻게 알았지?

"어디서 오셨는데요? 조선 시대?"

"그건 또 어떻게 알았느냐! 호, 혹시 너도 미래 사람인 게냐? 너는 그 속에 어떻게 들어간 것이냐?"

오늘날 통신 기기 종류와 쓰임

통신 기기란? 통신에 쓰이는 여러 가지 기계를 통틀어 이르는 말로 전화기, 팩시밀리, 컴퓨터, 스마트폰, 태블릿 PC, 스마트 워치 등이 이에 속합니다. 그렇다면 오늘날 통신 기기가 과거의 통신 수단과 다른 점은 무엇일까요?
첫째, 전기를 이용합니다. 둘째, 한방향이 아닌 양방향 통신이 가능합니다. 즉, 누구든 정보 발신자와 수신자가 동시에 될 수 있다는 뜻이지요. 셋째, 이동이 가능하여 언제 어디서나 사용할 수 있습니다.

태블릿 PC란? 키보드 없이 손가락 또는 전자 펜을 이용해 직접 디스플레이를 터치하거나 글씨를 써서 프로그램을 실행하고 사용할 수 있도록 하는 모바일 인터넷 기기를 말합니다. 태블릿 PC를 이용해 통신사 가입을 하면 일정 비용을 지불 후 전화나 인터넷을 사용할 수 있습니다. 화면이 커다란 스마트폰이 되는 셈이지요. 통신사 가입을 하지 않더라도 무선 인터넷 환경에서는 태블릿 PC로 인터넷에 접속할 수 있으니 무료 통화나 무료 문자를 제공하는 애플리케이션을 사용해 전화, 문자, 영상 통화 등을 할 수 있습니다. 이러한 통신 기능 외에도 태블릿 PC는 컴퓨터 기능도 수행합니다. 간단한 문서 작업이나 사진, 영상 편집도 가능하며 영화나 드라마 감상도 할 수 있답니다.

전영실 아저씨는 떨리는 목소리를 애써 감추며 유영이에게 큰 소리로 물었다. 사실 나도 궁금했다. 유영이가 독심술이라도 하는 걸까?

"아까 소리로 다 들었어요. 조유하가 태블릿 PC를 그냥 바닥에 팽개

치고 가 버려서 아저씨 아줌마 다리밖에 못 봤지만요. 근데 진짜 유하네 엄마가 박사님이에요? 아저씨들은 과거에서 왔고요? 대박 사건."

"대, 대박 사건?"

전영실, 나봉수 아저씨는 유영이의 말에 서로를 쳐다보며 눈을 끔뻑였다. 그때였다. 거실 한쪽에 있던 로봇 청소기가 소리를 내며 움직이기 시작했다.

원격 제어 모드에 접속합니다. 청소를 시작합니다.

"으아아아악!"

아저씨들은 또 한 번 괴성을 지르며 몸을 피했다. 하필이면 로봇 청

소기는 아저씨들 쪽으로 돌진했다. 아, 왜 지금!

"크하하하. 유하야, 아저씨들 완전 웃겨. 하하하. 아저씨들 로봇 청소기 처음 봐요? 으하하."

유영이는 로봇 청소기를 피해 도망치는 아저씨들 모습을 보며 큰 소리로 웃었다. 바하나 아줌마는 그런 아저씨들 모습을 보며 한심하다는 듯이 고개를 절레절레 흔들었다.

"저, 저 물건은 또 정체가 무엇이냐? 지, 짐승도 아닌 것이, 사, 사람은 아닌데 어찌 또 말을 하며 스스로 움직이는 것이냐!"

"으하하하. 진짜 웃겨. 아저씨들 우는 거 아니죠? 네? 솔직히 말해 보세요. 지금 무서워서 눈물 난 거 같은데요? 크하하하."

유영이는 계속해서 아저씨들을 놀렸다. 하, 진짜. 근데 갑자기 로봇 청소기가 왜 청소를 시작한 거지? 엄마가 예약해 두고 나가신 건가?

"원격 모드라는 걸 보니 아줌마가 밖에서 작동시키신 것 같은데? 손님 오셔서 급하게 청소하시나 봐. 크큭."

화면으로 내 어리둥절한 표정을 본 건지 유영이가 그럴듯한 추측을 했다.

"아줌마? 아줌마라면 김 박사를 말하는 게냐? 김 박사가 아직 집에 돌아오질 않았는데 어찌 저 요상한 물체를 조종한다는 말이냐?"

신이 난 유영이가 설명하기 시작했다.

"요즘 웬만한 가전제품은 스마트폰이랑 연동해서 집 밖에서도 작동시킬 수가 있어요. 우리 부모님도 자주 사용하시는 기능이죠. 세탁기, 건조기, 밥솥 그리고 지금처럼 로봇 청소기까지도 외출 중에 스마트폰에 깔린 애플리케이션을 이용해서 집 안에 있는 가전제품을 켜고, 끄고, 작동시킬 수 있다고요! 아저씨들 제가 더 신기한 거 보여 줄까요? 잘 보세요. 에헴. 제니야! 제니야아아!"

 내일 날씨 좀 알려 줄래?

휘둥그레진 눈이 다시 돌아올 틈도 없이 아저씨들이 또 한 번 놀랄 일이 벌어졌다. 아휴, 이유영 진짜. 유영이는 큰 소리로 제니를 불렀다.

지난번 영상 통화를 하다 장난으로 제니를 부른 적이 있었는데, 그때 제니가 용케도 유영이 목소리를 듣고 대답한 적이 있었다. 유영이는 아저씨들을 더 놀리려는 모양이다.

"네. 제니예요. 무엇을 도와드릴까요?"

"으아아악! 나리! 나리! 여긴 아주 귀신 소굴인 것 같습니다. 얼른 돌아가고 싶어요. 흑흑흑."

소파 위로 피신해 있던 나봉수 아저씨는 텔레비전 옆에 놓여 있던 인공 지능 스피커 제니의 목소리를 듣더니 또다시 혼비백산했다. 이제는 진짜 유영이 말대로 우는 것 같았다.

"아하하하하! 아저씨 운다! 하하하!"

"야, 이유영! 그만해."

"알겠어, 알겠어. 히히. 아저씨들 미안해요. 근데 귀신 아니고 저건 인공 지능 스피커라는 거예요. 사람 목소리를 인식하고 명령을 실행할 수 있어요. 유하네 집 가전제품이랑 인터넷으로 연결돼 있어서 우리가 말로 명령만 내리면 텔레비전, 에어컨 같은 것도 껐다 켰다 할 수 있고 궁금한 것도 대답해 줘요. 키킥."

유영이는 의기양양한 목소리로 아저씨들에게 스마트 기기에 관해 설명했다. 텔레비전도 인터넷도 뭔지 모르는 아저씨들이 인공 지능 스피커를 이해할 리 없겠지만. 그때였다.

"말 안 해도 알아서 움직이면 난리 나겠군."

제니 소리에 호들갑 떠는 아저씨들을 보며 바하나 아줌마가 빈정대듯 말했다.

"네? 그게 무슨 말이에요? 알아서 움직인다고요?"

나는 아줌마를 쳐다보며 물었다.

"아, 됐다. 됐어!"

아줌마는 말하기도 귀찮다는 듯 손사래를 쳤다.

"후후. 유영이는 통신 기술에 대해 아는 게 많구나? 똑똑한걸?"

이번엔 바하나 아줌마 옆에 있던 빔이 유영이에게 말을 걸었다.

"오? 언니도 있었네요? 반가워요. 전 이유영이라고 해요. 유하랑 같은 아파트 사는 친구예요. 걸어서 3분도 안 걸리는 곳에 살고 있지만 코로나 때문에 유하랑 만난 지는 좀 오래됐어요. 아무튼 듣자 하니 언니는 웨어러블 로봇이라고요?"

화면 속 유영이는 눈을 반짝이며 물었다. 이 수상한 손님들의 정체에 대해 눈곱만큼도 의심하지 않는 유영이가 난 신기했다. 그러니까 이 웨어러블 로봇도 있는 그대로 믿는단 말이야? 어떻게 저럴 수 있지? 유영이는 본격적으로 빔에게 질문 공격을 퍼부을 기세로 화면에 가까이 다가왔다. 나는 덜컥 겁이 나기 시작했다.

사물 인터넷이라고 들어 봤니?

사물 인터넷(IoT, Internet of Things)이란?

사물에 센서를 부착해 인터넷(통신망)을 통해 실시간으로 데이터를 주고받는 기술 또는 그러한 환경을 일컫는 말이에요.

인공 지능 스피커에게 명령을 내려 텔레비전이나 에어컨 등을 켜고 끄는 것처럼 말이죠. 하지만 시간이 갈수록 이 정도 사람의 개입(사물과 사물 사이에서 명령을 내리는 일) 또한 차츰 사라질 것이라고 해요.

학교가 끝난 후 집에 돌아와 소파에 앉으면 사물들이 서로 신호를 주고받아 나의 생활 방식에 맞추어 저절로 텔레비전을 켜거나 음악을 틀어 주게 되는 것이죠. 손 하나 까딱하지 않았지만 나의 취향과 생활 방식을 미리 알고 스스로 움직이는 사물이라니…… 정말 놀랍지 않나요? 이것이 곧 우리가 경험하게 될 사물 인터넷의 진짜 모습이라고 해요.

음성 검색? 난 그냥 생각해

"아니, 근데 잠깐만. 아줌마랑 언니가 미래에서 왔다면 사실 유하랑 내가 더 어른 아니에요? 202X년 아줌마는 몇 살이었어요? 아직 안 태어난 거 아녜요? 우리가 더 어른 맞죠? 그죠?"

유영이는 빔에게 언니라고 부르는 게 억울했는지 갑자기 호칭을 따지고 들었다. 그런데 유영이 말을 듣고 보니 맞는 말 같다.

"그래그래. 그냥 바하나와 빔이라고 불러라. 대신 우리가 너희에게 존댓말까진 쓰지 않겠어!"

"헤헤. 좋아요. 저도 대신 존댓말은 계속 쓸게요. 어쨌든 어른 모습인데 반말을 하려니 좀 이상하네요. 흠흠."

유영이는 민망한지 헛기침을 했다. 난 갑자기 아까 바하나 아줌마가 지나가듯 했던 말이 떠올랐다. 말을 안 해도 그냥 움직인다고 했던가?

"근데 아까 그 말은 뭐예요? 말을 안 해도 알아서 움직인다고요? 뭐가요?"

"응? 뭐가? 뭔데, 뭐가요?"

내가 바하나에게 질문을 하자 유영이도 덩달아 궁금해했다.

"아, 정말 귀찮네. 우린 아까 너희들처럼 인공 지능 스피커에 대고 '날씨 알려 줘.', '에어컨 켜 줘.' 이런 말 안 한다는 뜻이야. 그냥 생각하

면 되거든. 그럼 내 몸속에 심어진 칩이 알아서 내 생각을 읽고 그에 알맞은 일을 수행하지. 가령, '오늘 날씨가 어떻지?'라고 속으로 생각하면 오늘 기상 정보를 찾고 분석해서 '오늘은 어제보다 2℃가 낮고 바람이 많이 분다.'는 결론을 내리지. 그러고는 보온 패드가 부착된 재킷을 입을 수 있도록 준비해 놓는다고. 상상되니?"

"아니 그럼…… 진짜 영화에 나오는 것처럼 우리 몸속에 칩을 심는다고요? 그러다 악당들이 그 칩을 해킹해서 우리를 자기들 로봇처럼 조종하면 어떡해요?"

유영이는 잔뜩 겁에 질린 목소리로 물었다.

"그, 그리고! 몸속에 있는 칩이 날씨를 미리 알아낸다는 것까지는 알겠는데, 어떻게 옷까지 준비해 준다는 거예요? 그럼 그 칩이 우리 몸을 조종하는 거예요?"

"그럴 리가. 아까 네가 저 아저씨들에게 설명하던 '사물 인터넷'이 어디까지 발달할 것 같니? 당연히 우리 몸속 칩도 집 안 구석구석 다양한 가구, 가전들과 연결돼 있지. 그리고 그 스마트 기기들은 칩으로부터 명령을 받아 자기 일을 수행한단다. 김은영 박사가 밖에서 로봇 청소기를 돌렸던 것과 비슷한 원리지. 아니, 그나저나 김 박사는 대체 왜 안 오는 거야?"

유영이의 질문에 설명을 이어 가던 바하나는 잊고 있던 엄마의 존재를 떠올렸다. 정말 엄마는 언제 오는 거지? 금방 온다더니 왜 이리 안 오는 거야.

"저, 잠깐만요. 그럼 바하나 아줌마도 몸에 부착된 칩한테 에어 택시 행방을 물어보면 되잖아요. 잃어버린 택시를 다시 유하 집으로 불러오면 되는 거 아녜요?"

유영이의 질문에 나도 고개를 끄덕였다. 맞아, 그러면 되겠네.

"당연히 그렇게 하려고 했지. 그런데 지금 내 칩이 정상적으로 작동하지를 않아. 빔이 움직이고 있는 것만으로도 기적이라고. 아무래도 누군가 내 몸속 칩과 에어 택시 사이의 통신을 방해하고 있는 것 같아."

"이, 이것 봐! 아악! 유하야, 유하야! 로봇들이 이 세상을 점령하려고 하나 봐! 어떡해, 어떡해! 분명 로봇이 지구를 정복하려고 바하나 몸속 칩을 해킹한 거야! 분명해!"

태블릿 PC 속 유영이는 큰일이라도 난 듯 몸을 들썩거리며 소리를 질렀다. 소파에 몸을 깊숙이 파묻고 있던 나봉수, 전영실 아저씨는 유영이의 호들갑에 그제야 슬며시 웃음을 보였다.

아저씨들이 보기에도 겁에 질린 유영이의 모습이 꽤 웃겼나 보다.

"휴. 저쪽이 조용하니 이번엔 네가 난리구나. 정신없다, 정말. 아니 그나저나 김 박사는 대체 왜 안 오는 거야! 왜!"

바하나는 다시 짜증을 내기 시작했다. 유영이의 질문에 으스대며 미래 통신 수단에 관해 설명해 줄 때와는 다른 모습이었다. 근데 왜 이렇게 바하나는 뭔가에 쫓기는 듯한 모습이지? 물론 잃어버린 에어 택시를 찾는 게 중요한 일이긴 하겠지만…….

"근데 유하 엄마가 오시면 모두를 원래 세계로 돌려보내 줄 수 있는 거 맞아요? 만약 아줌마도 해결 못 하면요?"

"해결을 왜 못 해! 할 수 있어! 어떻게든 하게 만들 거야!"

바하나는 유영이에게 날카로운 목소리로 말했다.

"에어 택시 기술자라면서요. 근데 자기 에어 택시도 못 찾아요? 아무래도 수상하단 말이지. 혹시 바하나 아줌마가 악당 아녜요? 미래에서 나쁜 짓 하다가 쫓겨난 거죠?"

로봇이 지구를 침공했다며 호들갑을 떨었던 유영이는 다시 원래 모습으로 돌아왔다. 이번엔 바하나가 악당이라고 의심하는 것 같다. 하, 머리 아파. 어라? 근데 바하나가 유영이의 말에 제대로 답을 못 한다. 진짜 미래에서 온 악당이라도 되는 걸까?

"아하하하! 악당? 상상력이 풍부한 아이로군. 하하하. 아휴 덥다. 제니야, 에어컨 좀 켜라."

바하나는 갑자기 손부채질을 하며 제니에게 에어컨을 켜라고 명령했다. 음. 확실히 미래에서 온 사람은 맞는 것 같다. 제니 목소리를 귀신 소리라고 말하는 아저씨들과는 다른 모습이니 말이다. 크크크.

유비쿼터스(Ubiquitous)가 뭘까?

유비쿼터스란?

'언제 어디에나 존재한다.'라는 뜻의 라틴어로 시간과 장소에 구애받지 않고 자유롭게 컴퓨터와 통신 기술을 사용할 수 있는 환경을 말해요. 사람의 명령 없이도 스스로 데이터를 축적하고 그것을 읽고 해석해 결과값을 내는 것이 유비쿼터스 환경의 핵심이라고 할 수 있어요.

2장 이것은 무엇에 쓰는 물건인고?

눈부시게 발전한 통신 기술 환경, 어디까지 왔을까?

우리 사회에서 이동 통신의 발전만큼 빠르게 진화하는 분야가 있을까요? 이제는 누구나 이동 통신 기기를 소지하고 있고, 필요에 따라 서너 개의 통신 기기를 활용하는 사람도 있지요. 1983년 미국의 한 회사에서 벽돌 크기의 무선 전화기를 개발한 이후로 크기는 점점 작아지면서 기능은 컴퓨터와 맞먹는 이동 통신 기기가 출시되기 시작했지요. 앞으로는 또 얼마나 대단한 통신 기기가 개발될까요? 그리고 그것들은 우리 삶을 어떻게 바꾸어 놓을까요?

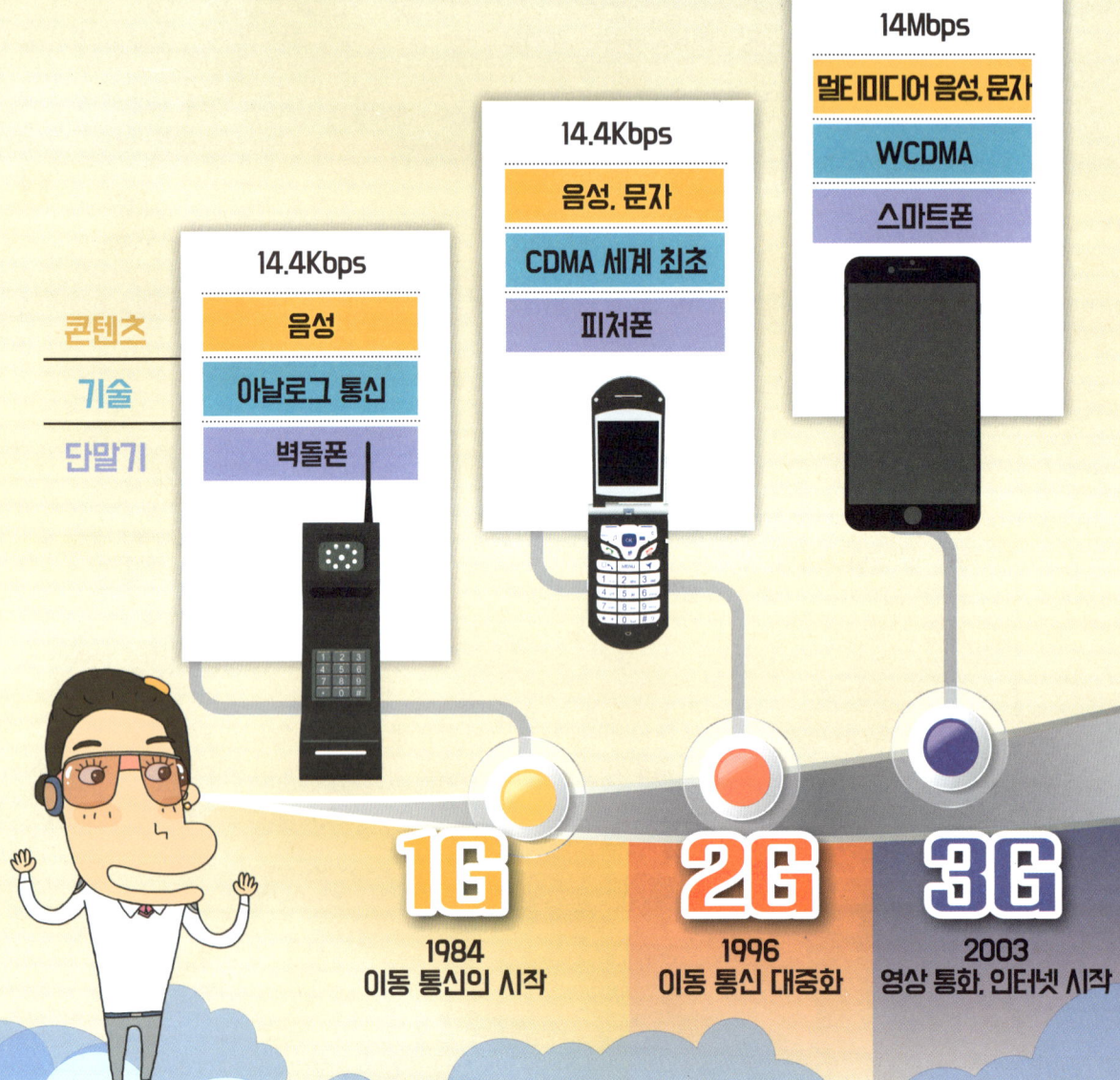

150Mbps~1Gbps
- 실시간 동영상 멀티미디어, 음성, 문자
- LTE
- 스마트폰, 태블릿 PC, 노트북

1Gbps~
- 가상 현실, 사물 인터넷
- 5G NR
- VR/AR, 홀로그램 IoT, 스마트 시티 자율 주행

1Tbps 이상
- 가상 현실, 증강 현실
- 6G
- 끊기지 않는 3D 홀로그램 드론과 자율 주행 보편화

6G
초지능, 초대역 사회

4G
2011
스마트폰 대중화

5G
2019~
초연결 사회

4차 산업 혁명 시대 통신 기술의 문제점은?

4차 산업 혁명 시대를 맞이하는 우리는 하루가 다르게 놀라운 기술과 만나고 있어요. 특히 상상을 초월하는 비대면 시대를 살아가면서 4차 산업 혁명을 피부로 느끼고 있지요. 학교나 회사를 가지 않고도 공부하고 일할 수 있으며 집 밖을 나가지 않아도 식료품을 살 수 있으니까 말이에요. 하지만 오늘날 통신 기술은 완벽한 걸까요? 유영이와 유하의 대화를 읽고 여러분이 생각하는 4차 산업 혁명 시대 통신 기술의 문제점에 대해 생각해 보아요.

 난 아무래도 바하나가 의심스러워. 진짜로 미래에서 온 악당이 아닐까? 그게 아니라면 로봇들한테 조종당하고 있는 미래 사람인지도 몰라!

또 시작이다 또또. 너 SF 영화 좀 그만 봐!

 야! 난 지금 합리적인 의심을 하고 있는 거라고! 내가 헛소리한다고 생각하나 본데, 그럼 아까 우리가 본 건 말이 되냐? 누군 과거에서 왔다고 하고 누군 미래에서 왔다고 하고. 또 눈앞에서 재킷이 사람으로 변하질 않나. 이건 말이 되냐고!

그건 그렇지만…… 그래도 악당이니 로봇 조종이니, 이건 너무 오버야.

 오버라니? 너 통신 기술이 발달할수록 제일 조심해야 하는 게 뭔 줄 알아? 바로 해킹이야, 해킹!

해킹? 컴퓨터 해킹할 때 그 해킹? 그게 통신 기술이랑 무슨 상관이야?

사물 인터넷이 나오면서 요즘 많은 사물이 서로 연결돼 있잖아.
누군가 나쁜 마음을 먹고 우리 집 인터넷을 해킹하면 어떻게 될까?
요즘 집 내부에 홈 CCTV를 설치하는 가정이 늘고 있는데
누군가 이걸 해킹해서 마음대로 우리 집을 들여다볼 수 있다고
생각해 봐. 너무 끔찍하지 않냐?
통신 기술이 발달할수록 범죄도 더 지능적으로 변하고 있대.
과거보다 편리한 게 무척 많지만 또 그만큼 조심해야 할 것도,
무서운 일도 많아지고 있다는 거지.

자, 잠깐만? 그럼 통신 기술이 들어가 있는 자율 주행 자동차도
해킹이 가능한 건가?

당연하지. 자율 주행 자동차로 통신 기술을 활용해서 장애물이나
위험물을 미리 인지하고 피해 갈 수 있도록 만들어진 건데
누가 이 통신 신호를 해킹해서 자기 마음대로 자동차를 조종한다고
생각해 봐! 거기 탄 사람들의 목숨까지도 위험해지는 거라고!

오 마이 갓! 그럼 해커가 누구인지 밝히는 것도 쉽지 않겠네.
무엇보다 보안이 강화되어야 할 것 같아.
또 해커를 붙잡아 처벌하기 위해서 알맞은 법도 반드시 필요해!

이런 걸 생각하면 통신 기술이 무작정 발달되는게 좋지만은 않은
것 같아. 더 큰 범죄가 발생하는 것을 막기 위해서라도
기술 발전을 조금 천천히 하도록 나라에서 규제해야 한다고 생각해.

에이, 그건 아니지. 다른 나라 통신 기술은 점점 더 발전하는데
한국만 기술이 현재에 머물러 있다고 생각해 봐. 그것도 문제가 있지.

그, 그런가? 하긴 외국은 다 스마트폰을 쓰는데 우리는 아직
2G폰을 쓰고 있다고 생각하면 좀 이상하긴 하다. 크크.

그럼 일단 삐삐를 사 봐. 난 스마트폰을 쓸게. 직접 체험해 보라고.

야! 내가 삐삐 얘기 그만했지! 너 딱 기다려. 이번엔 진짜 간다!

뚜뚜뚜, 영상 통화가 종료되었습니다.

가로세로 낱말 퀴즈

지금까지 배운 내용으로 가로세로 낱말을 풀어 볼까요?

가로 열쇠

① 아르엔에이(RNA) 바이러스 가운데 하나. 포유류에게 감기, 상기도염(上氣道炎), 위장염을 일으키지요. 2019년 시작해, 2020년 전 세계적으로 대유행을 한 바이러스예요.
⑤ '착용할 수 있는'이란 의미로, 안경, 시계, 의복 등과 같은 형태로 신체의 일부처럼 사용할 수 있도록 제작된 것을 말해요.
⑧ 홀로그래피에서, 입체상을 재현하는 간섭 줄무늬를 기록한 매체.

세로 열쇠

② 소라의 껍데기로 만든 옛 군악기. 소라고둥의 위쪽을 깎아 구멍을 뚫고 불게 된 것으로, 고려 공민왕 때에 명나라에서 전래되었다고 해요.
③ 귀에 끼우거나 밀착할 수 있게 된, 전기 신호를 음향 신호로 변환하는 소형 장치.
④ 휴대 전화에 여러 컴퓨터 지원 기능을 추가한 지능형 단말기.
⑥ 임금의 명령을 이르던 말.
⑦ 초고밀도에 의하여 생기는 중력장의 구멍. 항성이 진화의 최종 단계에서 한없이 수축하여, 그 중심부의 밀도가 빛을 빨아들일 만큼 매우 높아지면서 생겨나지요.

정답: ① 코로나바이러스, ② 나각, ③ 이어폰, ④ 스마트폰, ⑤ 웨어러블, ⑥ 어명, ⑦ 블랙홀, ⑧ 홀로그램

3장

더 멀리, 더 빠르게

내가 만약 새라면 너에게 날아갈 텐데

"근데 에어 택시가 정확히 뭐예요? 날아다니는 택시예요?"

나는 바하나에게 물었다. 아저씨들이 날아다니는 가마라고 부르는 걸 보니 진짜로 날기는 하나 보다.

"정말 귀찮게 하는군. 너희 둘 다 무슨 질문이 이렇게 많니? 그래, 맞아. 지금의 비행기나 헬리콥터와 비슷해. 다른 게 있다면 이건 소수의 사람만을 태우고 움직이며 자율 주행을 한다는 거지."

"자율 주행이요? 그럼 조종사 없이 에어 택시가 스스로 운전하는 거예요?"

유영이는 아예 KF94 마스크를 끼고 손 소독제까지 챙겨 우리 집으

로 왔다. 영상 통화만으로는 통 답답했던 모양이다. 유영이는 오자마자 본격적으로 질문을 퍼부었다.

"너희에겐 정말 놀라운 일이겠지만 미래엔 모든 교통수단이 자율 주행을 해."

"오, 자율 주행 자동차에 이어 비행기에도 기술이 적용된 거로군요!"

나는 책에서 본 자율 주행 자동차가 떠올랐다. 우리가 직접 타 보려면 시간은 좀 더 걸리겠지만 자율 주행 자동차는 이미 연구와 개발이 완료 단계라고 했다. 사람이 아닌 기계가 직접 운전하는 자동차는 왠지 위험해 보이지만 오히려 졸음 운전이나 음주 운전처럼 사람의 몸 상태에 영향을 받는 운전보다 훨씬 안전할 거라는 기사도 읽은 적이 있다.

"근데 자율 주행을 하려면 에어 택시에 목적지를 입력해 줘야 할 텐데 그건 내비게이션을 이용하나요?"

유영이는 노골적으로 귀찮아하는 바하나의 표정에도 아랑곳하지 않고 계속 질문했다.

"그래! 그래! 그래! 너 다 알면서 괜히 모르는 척 질문하는 거 같다?"

"아, 아녜요! 근데 내비게이션은 통신 기술에 속하는 거 맞죠? 가끔은 뭐가 통신 기술이고 뭐가 교통 기술인지 헷갈릴 때가 있어요."

바하나는 유영이를 힐끗 쳐다봤다. 에어 택시를 찾아 미래로 돌아가야 하는데 오라는 엄마는 안 오고 나와 유영이가 계속해서 질문해 대니, 이제는 대놓고 귀찮은 티를 팍팍 냈다.

"헷갈릴 게 뭐 있어! 통신은 '정보'나 '소식'을 주고 받는 방식, 수단을 일컫는 말이고 교통은 '사람'이나 '물건'이 직접 이동하는 방식 혹은 이동시키는 방법을 말하는 거잖아."

"아! 그럼 에어 택시는 사람을 실어 나르니까 '교통수단'이고 내비게이션은 GPS를 통해서 내가 가야 하는 목적지에 대한 정보를 받는 거니까 '통신 수단'에 속하는 거네요?"

유영이는 바하나의 말을 이해했다는 듯 고개를 끄덕이며 말했다.

"그래, 맞아. GPS도 알고 제법이군."

"흐흐. 유하야, 바하나 아줌마 쌀쌀맞은 거 같은데 물어보면 대답은 또 꼬박꼬박 다 해 줘. 크크크크."

미래의 교통수단에는 무엇이 있을까?

에어 택시(Air Taxi)

드론 택시라고도 불러요. 조종사 없이 무선 전파로 조종할 수 있는 무인 비행체를 가리켜 드론이라고 해요. 사람이 직접 가기 힘든 곳에 드론을 띄워 사진이나 영상을 찍기도 하고 택배를 배달하거나 농업 현장에서 농약을 뿌리는 일에도 사용돼요.

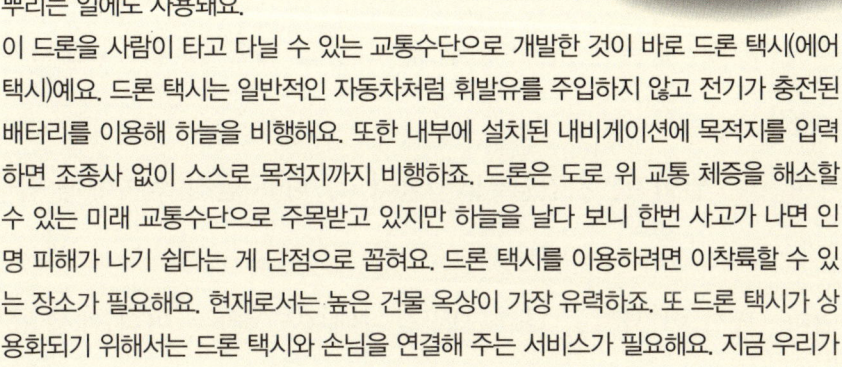

이 드론을 사람이 타고 다닐 수 있는 교통수단으로 개발한 것이 바로 드론 택시(에어 택시)예요. 드론 택시는 일반적인 자동차처럼 휘발유를 주입하지 않고 전기가 충전된 배터리를 이용해 하늘을 비행해요. 또한 내부에 설치된 내비게이션에 목적지를 입력하면 조종사 없이 스스로 목적지까지 비행하죠. 드론은 도로 위 교통 체증을 해소할 수 있는 미래 교통수단으로 주목받고 있지만 하늘을 날다 보니 한번 사고가 나면 인명 피해가 나기 쉽다는 게 단점으로 꼽혀요. 드론 택시를 이용하려면 이착륙할 수 있는 장소가 필요해요. 현재로서는 높은 건물 옥상이 가장 유력하죠. 또 드론 택시가 상용화되기 위해서는 드론 택시와 손님을 연결해 주는 서비스가 필요해요. 지금 우리가 애플리케이션으로 택시를 부를 수 있는 것처럼 말이에요.

자율 주행 기술(V2X)

자율 주행 기술(V2X)은 'Vehicle to(2) Everything(차량으로부터 모든 것에게)'의 약자로 여기서 모든 것(Everything)은 '어떤 것'이든 될 수 있다는 뜻의 'X'와의 통신을 뜻하므로 V2X라고 해요. 이때 X는 사람이 될 수도 있고 교통수단이 될 수도 있으며 모바일 기기가 될 수도 있지요. 다시 말해 V2X 기술은 교통수단이 무선 통신으로 차량, 교통 정보, 모바일 기기, 보행자 정보 등을 교환, 공유하는 기술을 뜻해요. 이것은 스스로 움직이는 미래 교통수단에 필요한 핵심 기술이라고도 할 수 있어요.

"너 나 놀리는 거니? 그럼 나 이제 대답 안 해 준다!"

유영이가 바하나를 놀리듯 말하자 바하나는 또 금세 신경질적인 목소리로 대답했다.

띠링.

그때였다. 엄마에게서 문자 메시지가 왔다.

'유하야, 집에 손님들 아직 계시지? 엄마가 집에 도착하려면 시간이 좀 더 걸리겠어. 손님들이 가지 못하도록 계속 붙잡아 주겠니? 자세한 이야기는 가서 해 줄게. 엄마가 집 안 상황을 계속 살피고 있으니 너무 걱정하지 마.'

이게 무슨 말이지? 시간을 벌어 달라고? 나는 곧장 엄마에게 답장을 보냈다.

'엄마, 혹시 이 사람들 나쁜 사람들이에요? 엄마는 어디 계세요? 혹시 지금 위험하신 건 아니죠? 걱정돼요. 빨리 오세요.'

대체 엄마는 왜 전화는 안 받고 계속 메시지만 보내는 걸까. 왜 손님들을 바깥에 나가지 못하도록 붙잡으라는 거지?

"뭐야? 김 박사에게 연락이라도 온 거야?"

바하나는 내 스마트폰을 힐끗 쳐다보며 물었다. 나는 본능적으로 스마트폰을 품에 안으며 아무것도 아니라고 얼버무렸다.

"수상한데? 김 박사에게 무슨 메시지를 받은 것 같은데? 빔! 저 녀석

현재와 미래 교통수단에 없어서는 안 될 중요한 통신 기술

GPS(Global Positioning System, 범지구 위치 결정 시스템)

인공위성을 이용한 위성 항법 장치를 뜻하는 말이에요. 인공위성을 이용해 지상의 어느 지점이든 24시간 관측할 수 있도록 도와줘요.

비행기, 배, 자동차 등의 항법 장치로 활용되고 있으며 한국에서는 여러 통신사가 차량 위치 서비스를 제공하는 데 주로 사용하고 있답니다. 이외에도 GPS는 지진이나 화산 등 지각 운동을 감시해 언제 지진이나 화산이 폭발할지 예측할 수 있어요. 또한 땅에 무엇이 묻혀 있는지도 알 수 있어 지도를 만들 때 역시 유용하게 사용하죠.

인공위성

지구와 같은 행성 주변 둘레를 돌 수 있도록 로켓을 이용해 쏘아 올린 장치를 뜻해요. 인공위성이 GPS 단말기로 전파를 쏘아 서로 주고받는 신호 정보를 분석해서 물체의 위치를 파악할 수 있어요. 본래 군사 목적으로 쓰였던 인공위성은 미사일을 쏠 때 목표물이나 적의 위치를 정확히 찾아내기 위해 만들어졌어요.

내비게이션

길 안내 도우미라고도 부르는 내비게이션은 GPS와 인공위성을 이용해요. 자동 항법(배나 비행기가 정해진 항로를 운항하는 방법) 방식을 통해 지금 내가 어디에 있는지를 알려 줘요. 쉽게 말해 우주에 떠 있는 인공위성이 내비게이션에 내  장된 GPS 장치와 신호를 주고받으며 나의 위치를 파악해 길을 알려 주는 것이지요.

스마트폰을 스캔해 봐."

바하나가 빔에게 명령하자 빔은 곧바로 내 스마트폰을 가로챈 뒤 눈으로 스캔하기 시작했다.

"아, 아녜요! 그런 거! 하, 하지 마세요!"

"메시지 내용이 읽히지 않아. 역시 과거에선 내 능력을 발휘하는 데 한계가 있어."

빔은 난처한 얼굴로 바하나에게 상황을 설명했다. 휴, 다행이다. 뭐 그리 대단한 내용은 아니지만 그래도 엄마가 이 수상한 손님들에게 뭔가를 숨기고 있는 것 같다는 생각이 들었다.

산 넘고 물 건너 바다 건너서

"이렇게 앉아서 마냥 기다릴 수만은 없어. 빔, 밖으로 나가서 직접 김 박사를 찾아보자."

바하나는 시간이 없다는 듯 빔을 재촉했다.

"아아! 엄마가 금방 오신대요! 거의 다 오신 것 같아요!"

"뭐야? 조금 전엔 아무것도 아니라며? 김 박사에게 연락 온 거야?"

"네네. 차가 좀 막힌다고요. 근데 진짜 곧 오신대요!"

나는 급한 대로 거짓말을 했다. 아, 정말 어떡하지? 이래도 그냥 나가 버리겠다고 하면 어떻게 해야 하나.

"자동차라니. 거기다 차가 막혀? 교통 체증이라니 정말 답답하군. 그냥 에어 택시 불러서 타고 오라고 해!"

바하나는 또다시 신경이 날카로워진 것 같았다. 왜 이렇게 기분이 오락가락하는 거야.

"거! 아까부터 에어 탁신지 톡신지 가지고 자꾸 으스대는데 더는 못 들어 주겠구먼!"

"뭐, 뭐라고요?"

전영실 아저씨가 대뜸 바하나의 에어 택시를 걸고넘어졌다.

"당신 말대로 그 요상한 가마가 그리 대단한 거면 우리가 있던 조선

엔 왜 떨어진 거고 여긴 또 왜 온 거요? 당신 집에나 잘 갈 것이지 왜 고장이 나서 이 사달을 만들었냐는 말이오! 내 말은!"

"이, 이 사람이 진짜!"

전영실 아저씨가 쏘아붙이자 바하나는 당황한 것 같았다. 근데 아저씨가 틀린 말을 한 것 같지는 않은데? 그렇게 똑똑한 자율 주행 에어 택시가 과거로 불시착하다니? 대체 왜?

"누군 뭐 자랑할 교통수단이 없어서 입 다물고 있는 줄 아오? 우리 조선에도 엄청난 것들이 즐비하오. 내 참, 말을 안 하려고 해도!"

"나리! 한번 읊어 주십시오! 우리 천재 과학자 전영실 나리야말로 조선은 물론 왜국, 서국 할 것 없이 타국의 탈것까지도 주르륵 꿰고 계시지 않습니까?"

전영실 아저씨가 호통을 치자 옆에 있던 나봉수 아저씨가 얼른 말을 거들었다. 바하나의 에어 택시도 전영실 아저씨가 거의 다 고칠 뻔했다나 뭐라나.

전영실 아저씨가 우리 앞에서 배를 내밀며 으스댔다.

"그럼 어디 들어나 봅시다. 그 대단한 조. 선. 시. 대 교통수단 말예요! 설마 말이나 소 그런 얘기를 하는 건 아니겠죠?"

바하나는 아저씨들을 놀리듯 조선 시대라는 말에 힘을 주어 말했다.

"말이나 소, 당나귀도 먼 거리를 이동하는 데 무척 도움이 되는 동물들이오. 어린 시절 서당 한번 가 보겠다고 두 시간 거리를 산 넘고 물 건너 다녔던 때를 떠올리면 동물도 무척 훌륭한 교통수단이 맞소!"

"네에? 두 시간이요?"

나는 서당을 가기 위해 두 시간이나 걸었다는 전영실 아저씨 말을 듣고 무척 놀랐다. 그렇게 먼 곳을 굳이 왜? 과거에도 온라인 수업이 가능했다면 그렇게 먼 곳까지 걸어 다니지 않아도 됐을 텐데. 쩝.

"하, 하지만! 나, 나리께서 말씀하시길 조선에도 곧 수로 길이 열릴 거라 하지 않으셨습니까? 뗏목과는 비교도 안 되는 커다란…… 그, 그게 뭐였죠, 나리?"

두 시간이라는 말에 내가 크게 놀라자 나봉수 아저씨는 얼른 배 이야기를 꺼냈다.

"그래, 맞다! 증기선! 곧 조선에도 증기선이 들어올 거라는 소문이 돌더구나."

"증기선이요? 그건 뭐예요?"

유영이는 눈이 동그래져서 아저씨에게 되물었다.

"내 소식통에 따르면, 수증기를 동력으로 사용하는 배라는구나. 증기선을 타면 서책에서만 읽던 타국에도 갈 수 있으니 이 얼마나 신비로운 일이냐?"

"암요! 나리! 또 그 뭣이냐, 전차? 전차에 대해서도 말씀해 주십시오!"

나봉수 아저씨는 신이 난 목소리로 전영실 아저씨를 부추겼다. 바하나 앞에서 입도 뻥긋 못하고 있던 시간이 꽤 답답했나 보다. 하지만 전차라면 나도 아는 게 있었다. 작년에 열린 서울 전차 전시회에 다녀왔기 때문이다.

"저 알아요! 전차는 말 그대로 전기로 달리는 차잖아요. 하지만 지금 우리가 보는 전기 차와는 달라요. 전기의 힘을 이용해 궤도 위를 달린다는 게 다른 점이죠. 공중에 설치된 전선을 통해 전기를 공급 받아 달

비행기보다 빠른 기차가 있다고?

하이퍼루프는 차세대 초고속 운송 수단으로 주목받고 있는 기술이에요. 최근 전 세계적으로 여객기보다 빠르고 음속(1220㎞/h)에 가까운 1000㎞/h 이상의 속도를 갖는 초고속 육상 교통 수단의 개발 경쟁이 가속화되고 있는데요. 미국이나 유럽을 다니는 국제선 항공기의 경우 800∼1000㎞/h의 속도로 비행한다고 해요.

그런데 우리나라에서 개발 중인 '하이퍼튜브'라는 이름의 하이퍼루프가 2020년 11월 진공 상태에 가까운 0.001 기압 수준에서 1019㎞의 속도를 달성한 거예요. 현재 KTX 열차의 최고 속도가 300㎞인 걸 감안하면, 얼마나 빠른지 짐작할 수 있겠지요?

아직은 1/17 크기의 축소 모형 규모로 제작된 실험이라 상용화되기까지는 시간이 걸릴 테지만, 일본과 중국이 시속 600㎞ 정도까지 실험을 완료했고 모두 1기압 상태였던 걸 생각하면 엄청나게 기술이 발전한 거예요.

우리나라는 세계 최초로 고온 초전도체, 자기 부상 열차 기술 개발도 이미 성공했으며, 개발 중인 하이퍼튜브가 시속 1,200㎞ 음속 주행 목표를 달성하면 서울에서 부산까지 불과 16분에 도착할 수 있게 된다고 해요. 정말 어마어마한 기술이죠?

려요. 전차는 조선 시대에 전기가 공급된 후에 등장했을 텐데……. 아저씨들도 실제로 전차를 보진 못하셨나요?"

"그, 그건 그렇지."

내 질문에 나봉수 아저씨는 슬쩍 바하나의 눈치를 보며 떨떠름하게 말했다.

"에이, 뭐예요. 그럼 아저씨들도 증기선이나 전차는 말로만 들어 본 거네요. 직접 타 본 적도 없네, 뭐. 딱 들어도 에어 택시가 완전 넘사벽이네요."

유영이가 또 아저씨들을 놀리듯 히죽거리며 말했다.

"너, 넘사?"

"넘을 수 없는 사차원의 벽, 뭐 그런 뜻이에요. 그러니까 증기선이 아무리 잘나도 에어 택시에는 비교도 안 된다는 말이죠."

나는 유영이 대신 나봉수 아저씨에게 설명했다

"어허! 무슨 소리! 한양에서 부산까지 걸어서 꼬박 30일이 걸렸다면 서양의 증기 기관차를 이용하면 17시간 만에 갈 수 있다고 하더구나! 머지않아 조선에도 증기 기관차가 들어올 게다. 조선에서 온 우리에겐 아직 닥치지 않은 미래지만 너희에겐 이미 과거일 테니 이것도 우리가 자랑해도 되는 거겠지. 에헴."

전영실 아저씨는 서양의 증기 기관차까지 끌어들이며 열변을 토하다 슬쩍 민망했는지 헛기침을 했다. 그나저나 17시간? 헐.

"17시간이요? 그 시간이면 미국을 가고도 남죠. 지금은 서울에서 부산까지 버스로 4시간 30분, KTX는 2시간 40분, 비행기로는 1시간이면 갈 수 있어요!"

나는 아저씨들에게 조곤조곤 설명했다. 그러자 유영이가 피식 웃으며 말했다.

"야, 조유하! 넌 또 뭘 그런 것까지 다 외우고 있냐."

"내가 너무 주절주절 늘어놨나? 헤헤. 근데 빨리 가는 게 당연히 좋은 거 맞지?"

난 갑자기 이상한 생각이 들었다. 지금까지는 당연히 이동 시간이 짧을수록 좋은 것이라고 생각했는데…… 아저씨들 이야기를 듣다 보니 괜히 아리송했다.

"당연한 거 아니야? 이동이 빠르다는 건 그만큼 시간을 절약할 수 있다는 뜻이니까 길에서 버리는 시간을 더 의미 있는 곳에 쓸 수 있는 거잖아. 그리고 사람이나 물건을 실어 나른다는 것이 교통의 핵심인데 그럼 그만큼 정보 교류도 빨리 이루어지는 거고 직업도 다양해지지."

옆에서 대화를 듣고 있던 바하나가 답답하다는 듯 끼어들었다.

"직업이요? 직업이 교통이랑 무슨 상관이에요?"

자율 주행하는 배도 있다고?

자율 주행 자동차나 드론은 언론에서 많이 언급해서 익숙할 거예요. 그런데 전문가들은 자율 운행 선박이 자동차나 드론에 비해 현실화 가능성이 훨씬 높다고 해요. 자율 운항 선박은 주변 선박의 정보, 파고의 높이, 태풍 등의 변수 등을 고려해 배가 나아갈 항로를 인공 지능 스스로 결정해요. 물론 비상 상황을 대비하여 조타수가 대기해야겠지만, 기존처럼 조타수가 모든 상황을 파악해 가며 운전할 일이 없어요. 바다에서는 장애물과 부딪칠 일이 거의 없고 항공기처럼 빠르게 움직이지 않기 때문에 사고 위험도 상대적으로 낮답니다.

더 멀리, 더 빠르게! 미래 교통과 통신

유영이가 바하나의 말에 고개를 갸우뚱하며 물었다.

"기차가 생기면 당연히 기차역이 생기겠지? 그럼 역을 지키는 역무원, 기차를 운전하는 기관사, 승객의 안전과 여러 부분을 책임지는 승무원도 필요할 테고. 또 기차가 고장 나면 그걸 고칠 수 있는 기술자도 필요하겠지? 기차라는 교통수단 하나만 봐도 이렇게 다양한 사람이 필요하잖아. 그러니까 새로운 교통수단이 발달할수록 직업 또한 다양해진다는 거지. 어때? 이해가 되니?"

"오. 무슨 말인지 알겠어요. 아저씨들이 온 과거에는 기차가 없으니 당연히 기관사라는 직업이 없겠군요."

"그래, 그거야. 하이 파이브!"

바하나의 설명을 들으니 교통과 직업의 관계가 바로 이해됐다.

"그건 그렇고. 바하나 아줌마! 그럼 미래에는 서울에서 부산까지 에어 택시로 얼마나 걸려요? 미래에는 나쁜 점은 없어요? 다 좋아요?"

유영이가 다시 바하나에게 질문을 던졌다. 하긴 아저씨들이 서울에서 부산까지 증기 기관차로 17시간밖에 안 걸린다며 으스댔으니 이젠 바하나가 미래의 교통수단으로 우쭐댈 차례였다. 미래 교통수단에 대해 들을 수 있다고 생각하니 가슴이 두근거렸다.

어라? 근데 바하나가 갑자기 왜 저러지? 유영이의 질문에 바하나가 순간 당황한 얼굴이 되었다. 이게 그렇게 당황스러운 질문인가?

하이퍼루프, 어떤 원리일까?

하이퍼루프(Hyperloop)란?
진공에 가깝게 조성된 튜브 안을 고속으로 달리는 열차

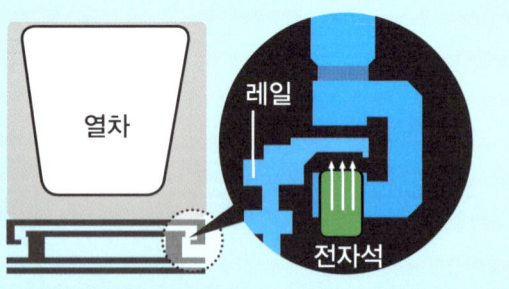

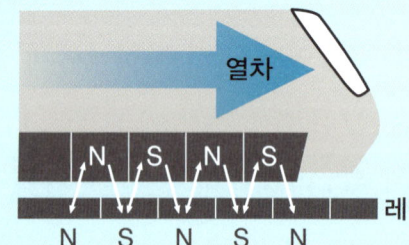

진공 터널 바닥에 코일을 깔고, 열차 바닥에는 자석을 장착, 같은 극끼리 밀어내고 다른 극끼리 당기는 자석의 원리를 이용해 공중에 띄우고 로켓 추진력을 더해 초고속으로 나아가는 원리.

국내 하이퍼루프, 어디까지 진행되었을까?

2009년 1월	철도연 기관 고유 사업으로 튜브 철도 핵심 기술 연구 시작
2011년 11월	철도연 세계 최초 700㎞ 튜브 주행 실험 성공
2013년 12월	철도연·기계연 초고속 자기 부상 철도 핵심 기술 연구 시작
2016년 1월	철도연, 하이퍼튜브(HTX) 6개 핵심 기술 개발 시작
2016년 7월	울산 과학기술원(UNIST) 하이퍼루프 기술 개발 시작
2017년 10월	UNIST 하이퍼루프 모델 유 루프(U-Loop)모델 시연
2018년 8월	국내 7개 기관 HTX 기획 연구 시작
2020년 11월	철도연 세계 최초 0.001기압 튜브 개발, 시속 1019㎞ 달성

자료: 한국 철도 기술 연구원

토론왕 되기!

지역 환경에 따라 교통수단이 다르게 이용될까?

여러분은 특정 지역이나 환경에 특화된 교통수단에 대해 들어 본 적이 있나요? 도심에서 흔히 볼 수 있는 교통수단이 아닌 특정 지역에서 사용되는 교통수단에는 무엇이 있을까요? 다음 유하와 유영이의 대화를 읽고 여러분이 알고 있는 특수한 교통수단에 대해 이야기해 봐요.

이것 봐! 멋지지!

 이게 뭐야? 할아버지 댁 간다더니 왜 농기구를 타고 있어? 고물 아냐?

고물이라니! 트랙터는 농촌에서 유용한 교통수단이라고! 농기계이자 교. 통. 수. 단!

 저걸 타고 논밭이 아닌 곳까지 나간다는 말이야?

그럼! 속도는 좀 느려도 농촌에는 트랙터를 타고 이동하는 사람들이 많다고!

 그러고 보니 우리 고모도 과수원에서 일할 때 모노레일 타고 다니셔.

모노레일? 그건 또 뭐야?

 가파른 길을 오르내리거나 농작물을 수확해서 운반할 때 이용하는 거야. 물론 나는 고모 집에 갈 때마다 재미로 타지만. 흐흐흐.

역시 도시에서는 볼 수 없어도 고장마다 지형이나 환경에 맞게
유용한 교통수단이 따로 있는 것 같아.

 맞아! 눈이 많이 오고 길이 험한 지역에서는
일반 승용차가 아니라 트럭 같은 걸 더 많이 타더라.

오, 제법인데? 보통 교통수단이라고 하면 먼 거리를 이동하는 데
유용하게 사용되는 것이라고만 생각할 수 있는데 이렇게 여러
환경에서 필요한 용도에 맞게 사용되는 교통수단도 있다는 거지!

 인정! 빠르고 안전하게 먼 거리를 이용하는 것만큼이나
사람이 하는 일을 돕고 무거운 짐을 싣고 움직이는 데
도움을 주는 것 또한 교통수단의 역할인 듯.

그래! 그러니까 트랙터라고 무시하지 말라고!
우리 할아버지에겐 정말 유용한 자가용이야. 흐흐.

 앗! 아까 고물이라고 한 거 취소, 취소! 할아버지한테 이르지 마, 너!

어떻게 하면 먼 거리를 더 빠르게 갈 수 있을까를 고민하는 것 같지만, 사실은 환경에 따라 적절한 교통수단이 개발되는 게 원칙이라고 할 수 있어요. 빠른 교통수단을 원하는 건 도심 지역에 인구가 집중되지 않게 하는 이유가 되기도 하지요. 거리가 가까워지면 수도권 등으로 몰리지 않고 각자 상황에 맞게 전국에 골고루 인구가 분포될 수 있으니까요. 또한 복잡한 도심이나 높은 산을 오고가야 할 때는 속도는 느리지만 안전한 모노레일이 더 효율적인 교통수단이 될 수 있어요.

여러분이 알고 있는 독특한 교통수단에는 무엇이 있을까요? 친구나 부모님과 함께 이야기를 나누어 보세요.

O, X 퀴즈

하이퍼루프에 대한 다음 설명 중 맞는 것은 O, 틀린 것은 X로 표시해 주세요.

1 우리나라에서 개발 중인 하이퍼루프의 이름은 하이퍼튜브이다.

2 하이퍼루프가 완성되면 시속 2000㎞까지 속도를 낼 수 있다.

3 하이퍼루프는 공기 저항을 없애기 위해 기압의 영향을 거의 받지 않는 상태를 유지해야 한다.

4 하이퍼루프는 자석의 힘을 이용한다.

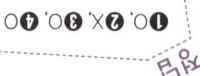

정답: 1.O, 2.X, 3.O, 4.O

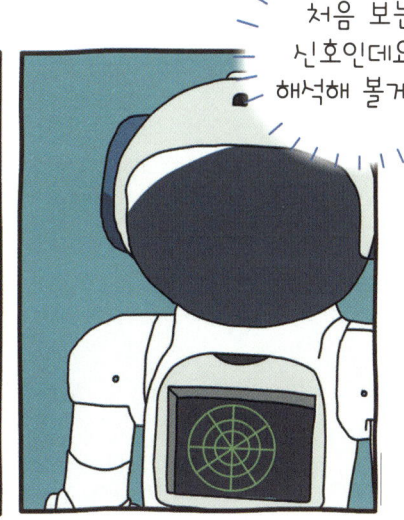

김 박사가 미래로부터 받은 문서 중에는 바하나의 에어 택시 개발 문서도 있었다. 하지만 무슨 이유에서인지 미래 정부는 바하나의 에어 택시 개발을 승인하지 않았다.

며칠 후

박사님 제가 분석한 바로는……

바하나라는 이 에어 택시 개발자가 좀 수상합니다.

아무래도 부적절한 방법으로 에어 택시 속도를 높인 것 같아요.

이미 미래 에어 택시 속도는 충분히 빠를 텐데……. 이유가 뭘까?

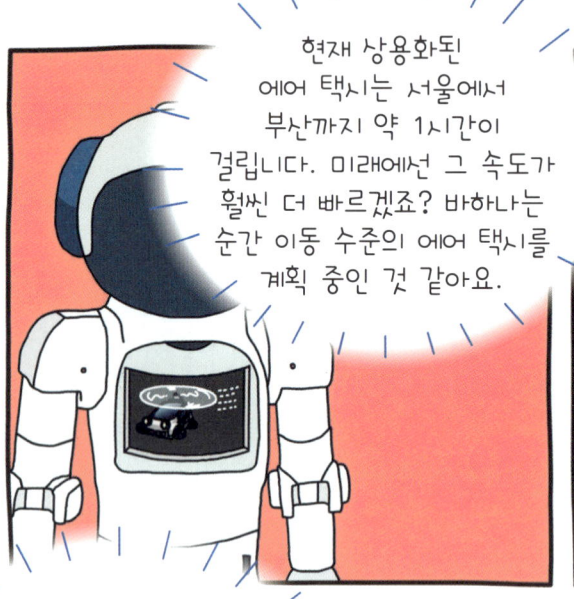

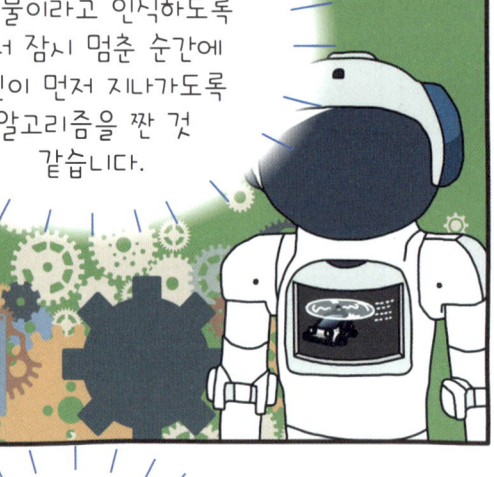

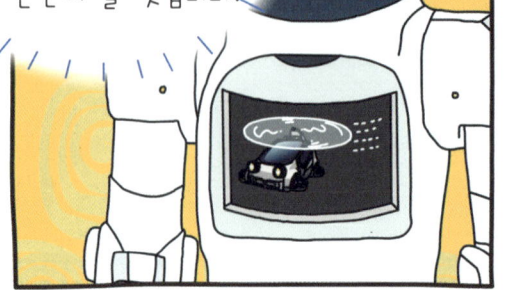

4장
서서히 드러나는 바하나의 정체

 ## 엄마가 돌아왔다!

"모든 게 인공 지능으로 움직이는 세상은 어떤 느낌이에요? 좀 답답하죠?"

유영이는 내가 가져다준 떡꼬치를 우물우물 씹어 먹으며 바하나에게 물었다.

"그렇지도 않아. 인간은 모든 상황에 결국 적응하기 마련이지. 기계에서 흘러나오는 사람 목소리에 기겁하던 이 두 아저씨만 봐도 이젠 정말 아무렇지도 않잖니? 로봇에게 둘러싸인 세계? 오히려 모든 것이 평화롭지."

바하나도 유영이를 따라 떡꼬치를 질겅질겅 씹어 먹었다. 더는 화도

뽐, 알고리즘이 뭐야?

알고리즘(Algorithm)

알고리즘은 주어진 문제를 논리적으로 해결하는 데 필요한 절차, 방법, 명령어들을 모아 놓은 것이에요. 넓은 의미에서 사람이 직접 해결하는 것, 컴퓨터로 해결하는 것, 수학적인 것, 비수학적인 것을 모두 포함해요.

예를 들어 엄마가 "오늘 할 일 다 했니?"라고 묻자 유하가 "네, 다 했어요."라고 대답했다고 가정해 봐요. 이때 유하의 대답 속에는 '온라인 수업 듣기, 출석 체크 댓글 달기, 배움 노트 쓰기, 방청소 하기, 양치하기'라는 오늘 해야 할 일에 대한 항목이 포함되어 있죠. 엄마는 유하가 모든 것을 설명하지 않아도 '다 했다'라는 말을 통해 오늘 어떤 일을 마쳤는지 이해할 수 있어요.

하지만 기계는 그렇지 않아요. 오늘 어떤 일을 어떤 순서에 맞춰 어떻게 처리해야 하는지 하나씩 구체적으로 설명해 주어야 명령을 수행할 수 있어요. 이것이 바로 컴퓨터 프로그램에 들어가는 '알고리즘'의 개념이에요.

자율 주행 알고리즘

미래 교통수단 대부분은 사람이 작동하지 않아도 스스로 움직일 수 있을 것이라 기대해요. 교통수단이 스스로 움직이는 것을 '자율 주행'이라고 하는데 이때 필요한 핵심 기술이 자율 주행 알고리즘이라고 할 수 있어요.

횡단보도 앞에서 빨간 신호를 보면 멈춰 서고 초록 신호일 때 다시 주행을 시작하는 것, 앞차와 내 차와의 거리를 계산해 일정 간격을 유지하는 것 등 자율 주행 자동차가 어떤 상황에서 어떻게 움직이는 것이 좋은지 미리 설정해 놓는 것이지요.

내지 않고 유영이의 질문에 대꾸해 주는 중이었다.

"바하나 아줌마 가족은 어디 있어요? 혼자 살아요?"

나는 갑자기 바하나에 대해 궁금해졌다.

"어. 난 빔과 단둘이 살아. 빔이 내 가족이지."

"부모님은요? 엄마, 아빠는 없어요? 동생이나 언니, 오빠는요?"

유영이도 질문을 보탰다.

"난 그딴 거 필요 없어. 빔만 있으면 돼."

"고마워, 바하나. 나에게도 네가 유일한 가족이야."

바하나가 부드러운 눈길로 빔을 쳐다보며 말하자 빔도 빙그레 웃으며 대답했다.

"아무리 빔이 사람처럼 행동한다고 해도 기계인데 나중에 고장이라도 나면요?"

"고장 나면 다시 고치고 더 새롭게 업그레이드하면 돼. 그게 사람과 다른 점이야. 빔은 내 곁에 평생 있을 수 있어."

그래도 어떻게 기계가 가족이 될 수 있지? 하지만 바하나는 단호하게 빔이 자신의 유일한 가족이라고 말했다.

"아, 근데 바하나 아줌마! 아까 내가 물어본 거 왜 대답 안 해 줘요. 에어 택시가 서울에서 부산까지 날아가는 데 얼마나 걸리는데요? 네? 에어 택시 개발자라면서요!"

유영이의 질문에 바하나는 다시 당황한 얼굴이 되었다.

"하하하. 아직 개발 중이라 그것까진 말해 줄 수 없어. 하지만 확실한 건 조만간 내 에어 택시가 세계에서 가장 빠른 에어 택시가 될 거란 사실이지."

"어떻게요? 어떻게 세계에서 가장 빠른 에어 택시가 돼요? 어떤 기술을 이용하는 건지 조금만 알려 주면 안 돼요? 어차피 우리한테 알려 줘 봤자 우리가 그 기술을 사용할 수 있는 것도 아니잖아요. 아, 알려 주세요오오오!"

유영이는 끈질기게 바하나를 물고 늘어졌다. 그때였다! 누군가 현관문 비밀번호를 누르는 소리가 들렸다. 엄마가 돌아오신 게 분명했다!

나는 너무 반가워 소리를 질렀다.

"오잉? 드디어 김 박사가 돌아온 겐가?"

내가 총알같이 현관으로 뛰어가자 아저씨들과 바하나 아줌마도 날 따라 현관 쪽으로 향했다.

"김 박사! 대체 어디에 있다 이제 온 거예요? 어라? 내 에어 택시 내비게이션이 왜 당신 손에……?"

바하나의 얼굴이 순간 굳어졌다. 엄마는 손에 작은 기계를 들고 있었다. 저게 에어 택시 내비게이션이라고?

"아줌마! 왜 이렇게 늦게 오셨어요! 그나저나 아줌마가 진짜 미래 교통 통신 연구소 박사님이에요? 진짜요?"

바하나가 정색을 하든 말든 유영이는 우리 엄마가 자기 엄마라도 된 듯 팔짱을 끼며 질문을 해 댔다.

"많이 놀랐니? 후후. 직업 특성상 사람들에게 비밀로 해야 하는 일이 많아서 밝힐 수가 없었어. 미안, 다른 사람들에겐 비밀로 해 주렴."

엄마는 유영이에게 웃으며 친절하게 대답했다. 저기요? 엄마! 엄마 아들은 여기 있다고요!

"아니 김 박사! 내가 지금 묻잖아요? 어째서 내 에어 택시 내비게이션을 당신이 들고 있는 거냐고? 혹시 당신이 내 에어 택시를 빼돌린 거야? 대답 좀 해 봐!"

"그렇다면 어쩔 거죠? 바하나 씨?"

순간 엄마의 목소리가 차갑게 바뀌었다. 방금 유영이에게 온화한 미소를 보여 줬던 우리 엄마가 아니었다.

"허? 어쩌긴 뭘 어째? 당장 내 에어 택시 돌려줘요. 그리고 나도, 이 사람들도 각자 있던 곳으로 되돌려 보내고! 우리를 여기로 오게 만든 것도 다 당신 짓이지?"

4장 서서히 드러나는 바하나의 정체

"바하나, 이대로 미래로 다시 돌아가서 위험한 에어 택시 개발을 진행하려고요?"

"뭐뭐? 위험한 에어 택시? 당신 지금 말 다 했어? 내 에어 택시가 어디가 어때서! 난 세계에서 가장 빠른 에어 택시를 만든 이 분야 일인자가 될 몸이야. 말조심하라고!"

엄마와 바하나는 알 수 없는 대화를 하기 시작했다. 나와 유영이는 혼란스러웠다. 곁에 있던 조선 시대 아저씨들도 무슨 상황인지 몰라 어리둥절한 것 같았다.

"이게 다 뭔 말이에요? 저희에게도 설명 좀 해 주세요."

"아줌마, 바하나가 미래에서 온 악당 맞죠? 그쵸? 내가 그럴 줄 알았어. 어쩐지 느낌이 이상했다니깐."

나와 유영이의 물음에 엄마는 대답하지 않은 채 계속해서 화난 목소리로 바하나에게 따지듯 물었다.

"자율 주행 알고리즘을 교란해서 모든 교통수단이 당신 택시만을 비켜 가게 만들겠다? 당장 빨리 가는 게 그렇게도 중요한가요? 교통 신호 체계와 다른 교통수단이 겪게 될 혼란에 대해선 생각도 안 하나요?"

"내가 왜 그런 것까지 생각해야 하지? 더 발전된 기술이 세상에 나오면 세상은 또 그만큼 새로운 기술에 발맞춰 앞으로 나아갈 필요도 있는 거 아니겠어? 교통 법규야 다시 뜯어고치면 그만이고…… 다른 교통수단? 그건 그 개발자들이 알아서 할 일이지!"

엄마의 물음에도 바하나는 반성하는 기색 하나 없이 오히려 더 당당하게 큰소리를 쳤다. 나와 유영이는 그런 바하나를 보고 화가 나기 시작했다.

"헐. 바하나 당신 진짜 나쁜 사람 맞네, 맞아. 그렇게 말씀하시면 안 되죠!"

"맞아요. 질서를 무시하면서까지 기술을 개발하는 건 옳지 않아요! 그 정도는 저희 같은 초등학생도 안다고요. 개발자라는 사람이 그런 직업 윤리 의식도 없이 마구잡이로 기술 개발에만 목매면 되겠어요?"

나는 며칠 전 과학 잡지에서 읽었던 토론 거리를 떠올리며 바하나 아줌마에게 따졌다. 평소에 과학 잡지를 열심히 읽길 잘했어. 후훗.

"뭐, 뭐라고? 이 애송이들이 지금 누굴 가르치려 들어?"

"미래 교통수단은 자율 주행을 하는 만큼 교통사고율을 현저히 떨어뜨려 주는 장점이 있다고 들었어요. 하지만 그만큼 한번 사고가 났다 하면 그 규모와 피해도 엄청나다던데요? 빨리 가는 에어 택시에 혈안이 되어서 그로 인해 발생될 수많은 문제점을 눈감아 버리면 그 피해는 애꿎은 시민들에게 돌아간다고요. 그게 왜 아줌마랑은 상관없는 일이라고 말하세요? 어른으로서 부끄럽지도 않으세요?"

나는 더 당당한 목소리로 바하나를 몰아붙였다. 근데 나 방금 말을 너무 잘한 것 같은데? 후훗. 내가 생각해도 좀 멋졌다.

"오호. 김 박사가 아들 하나는 똑똑하게 게 잘 키웠구먼. 김 박사 오늘 처음 만나지만 아주 훌륭한 분인 것 같소. 허허허."

전영실 아저씨는 나와 엄마를 번갈아 쳐다보며 매우 흡족한 얼굴을 했다.

아저씨, 지금 그러고 있으면 안 돼요! 저희와 같이 바하나를 설득해야 한다고요! 그래야 아저씨도 조선 시대로 돌아갈 수 있다고요!

 ## 교통과 통신 그 모호한 경계

"요즘 전동 킥보드라는 1인 전동차가 유행이에요. 며칠 전 이걸 타고 8차선 도로를 건너던 사람이 안타깝게 목숨을 잃었다는 기사를 읽었어요. 많은 사람이 안전 수칙을 무시하고 보호 장구도 없이 전동 킥보드를 타다가 사고를 당한다더라고요."

"안전 수칙? 킥보드 타는데 지켜야 할 수칙이 뭐 있어?"

유영이는 내 말에 궁금하다는 듯 물었다.

"전동 킥보드는 우리가 놀이터에서 타는 킥보드와 달라. 물론 우리도 킥보드를 탈 때 헬멧 등 보호 장구를 꼭 착용해야 하지. 전동 킥보드는

1인용 교통 수단에는 어떤 것이 있을까?

세그웨이

세그웨이는 2개의 바퀴가 달린 발판 위에 사람이 올라가 서서 타는 1인용 이동 수단이에요. 하지만 비싼 가격과 안정성 논란으로 인해 2020년 7월에 생산이 중단되었어요.
전기 배터리를 이용해 움직이며 세그웨이에 달린 센서가 운전자의 무게 중심 이동을 측정해 방향과 속도를 결정하는 방식이었죠.

제트팩

제트팩이란 옷처럼 장치를 몸에 착용하고 하늘을 날 수 있게 도와주는 수단이에요. 낙하산처럼 사람이 제트팩을 등에 메고 분출 장치를 통해 고온, 고압의 폭발력을 방출하면서 생기는 힘으로 추진력을 얻어 나아가는 원리죠.
이 기술이 실용화되면 구급 요원이 보통 1시간 걸리는 곳에 몇 분 만에 도착해서 환자를 구할 수 있어요. 개인적인 목적보다 사고 분야에서 활용되면 좋은 기술이지요.

전동 킥보드

흔히 우리가 알고 있는 킥보드에 배터리를 장착한 것이에요.
전동 킥보드는 총 중량 30㎏ 미만, 최고 속도 25㎞/h 미만의 개인 이동 수단으로 분류되어 있어요. 새로운 도로 교통 법안이 2021년 4월부터 시행되며, 만6세 미만 청소년과 운전 면허 미소지자는 전동 킥보드를 탈 수 없으므로 유의해야 해요. 운전 미숙이나 보호 장구 미착용 등은 큰 사고를 불러올 수 있는 만큼 전동 킥보드를 탈 때는 보호 장구를 반드시 착용하고 인도나 도로가 아닌 자전거 도로에서만 타야 해요.

더더욱! 특히 요즘 전동 킥보드를 탄 채로 빨간불에 횡단보도를 무단 횡단하거나 2명 이상이 한 대의 킥보드를 타고 가다 큰 사고를 당하는 사람이 늘고 있대."

"헉! 전동 킥보드는 정말로 하나의 이동 수단인 거네? 난 킥보드가 어린이 놀잇감인 것처럼 전동 킥보드도 좀 더 큰 언니 오빠나 어른이 타고 노는 장난감이라고 생각했어."

유영이는 놀랍다는 듯 말했다.

"발을 굴려야 움직이는 자전거나 기본 킥보드보다 훨씬 빠르고 힘들지 않게 이동할 수 있다는 장점도 있지만 전동 킥보드가 가진 단점도 분명 있는 것 같아요. 그래서 전동 킥보드 관련 법도 자꾸만 바뀌는 거고요. 세계에서 가장 빠른 에어 택시가 개발된다면 분명 좋은 점이 있겠죠. 하지만 그로 인해 발생할 수 있는 또 다른 문제점을 동시에 생각해 봐야 하는 게 개발자의 윤리와 의무 아닌가요? 바하나 아줌마!"

나는 바하나가 나쁜 생각을 바꾸길 바라는 마음으로 계속해서 말을 이어 갔다.

"그렇지. 어떤 새로운 기술이든 장점이야 있겠지만 늘 예기치 못한 문제를 불러올 수 있다는 것을 잊어서는 안 된다네, 바하나 씨."

전영실 아저씨도 바하나의 무리한 에어 택시 개발 시도가 걱정되는 것 같았다.

"과거에는 교통과 통신의 경계가 분명했지만, 이제는 기술의 결합으로 더 많은 것들이 가능해지고 쉬워진 세상이 되었어. 하지만 전영실 님께서 말씀하신 대로 기술의 발전 뒤엔 우리가 모르는 문제점도 발생할 수 있다는 점을 잊어서는 안 되지. 기술을 개발할 때 어떤 마음을 가지느냐가 왜 중요한지 이제는 좀 알겠나요, 바하나 씨?"

엄마가 바하나를 향해 똑부러지게 말했다.

"흥. 마음가짐 좋아하시네. 이상한 소리 그만하고 얼른 내 에어 택시나 내놓으시지!"

우리 모두가 바하나를 몰아세우자 바하나는 잠시 주춤한 듯 보였지만 곧 다시 날카로운 목소리로 엄마를 쏘아붙였다.

"그런데 기술의 결합이라니 갑자기 어려워졌어요. 유하가 교통수단 박사라면 난 자칭 타칭 통신 수단 박사인데! 이젠 점점 더 많은 것들이 결합하면서 이해하기가 어려워졌달까. 히잉."

엄마의 설명에 유영이는 갑자기 풀이 죽어 말했다. 자신도 바하나를 설득하기 위해 한마디 하고 싶은데 모르는 말들이 나와서 의기소침해진 것 같다.

"사실 오늘날 거의 모든 교통수단에는 통신 기술이 접목되어 있다고 생각하면 된단다. 미래의 주요한 교통수단이 될 것으로 전망되는 스마트 카나 커넥티드 카 역시 통신 기술이 핵심을 이루고 있지."

엄마가 유영이를 보며 다정하게 설명했다. 나도 가만 있을 수 없지!

"어려울 것 없어. 네가 좋아하는 정보 통신 기술이 교통수단이랑 결합한 것뿐이야. 커넥티드 카가 바로 그런 거잖아. 무선 통신을 이용해서 차량 내부와 외부 네트워크가 상호 연결되는 시스템을 갖춘 차!"

"야야. 그게 무슨 말이야. 쉽게 설명해. 쉽게!"

내가 엄마의 말을 이어 줄줄 설명하자 유영이는 더 머리가 아프다는 듯 고개를 절레절레 저었다.

"크흐흐. 내 말이 좀 어려웠나? 자세한 설명은 나중에 까똑으로 해 줄게. 우선 우리가 더 중요하게 할 일이 있는 것 같아!"

나는 괜히 바하나 아줌마를 한 번 쳐다보며 힘주어 말했다.

"예를 들어, 음, 요즘 드론도 문제가 많잖아."

"드론? 드론은 왜?"

내가 갑자기 드론 이야기를 꺼내자 유영이가 어리둥절했다.

"우리 같은 어린이들은 드론을 단순히 하늘을 나는 무선 조종 장난감 정도로만 생각하잖아. 하지만 드론이야말로 여러 기술이 합쳐져 있어. 이 안에 통신 기술은 물론 카메라, 센서 등이 달려 있어서 여러 곳에 다양하게 활용된다고. 하지만 그만큼 범죄에 악용되기도 하지. 최근에 어떤 사람은 남의 집 베란다 앞에 드론을 띄워서 몰래 집 안을 촬영한 일도 있었다니까?"

"뭐어? 뭐 그런 나쁜 사람이 다 있어?"

유영이는 내 말을 듣고 흥분했다.

"에어 택시도 드론에서 출발한 거 맞죠? 드론도 처음엔 군사용으로 만들어졌지만, 드론이 택배도 나르고 농장에서 농약도 뿌릴 수 있다던데요? 드론을 개발한 사람의 의도와 달리 다양한 수단으로 사용이 되고 있죠. 그리고 아까 말한 것처럼 이걸 범죄에 이용하는 사람도 있고요. 근데 바하나 아줌마는 에어 택시 개발자면서 직접 나쁜 마음을 먹고 있네요?"

나는 바하나를 똑바로 쳐다보며 말했다. 그러자 바하나의 눈동자가 크게 흔들렸다.

 **토론왕 되기!**

미래 교통수단은 현재 교통수단과 달리 어떤 점을 중심으로 개발되어야 할까?

여러분은 미래 교통수단 중 어떤 것을 가장 타 보고 싶나요? 어깨에 메고 하늘을 날 수 있는 제트팩? 아니면 쿨쿨 잠을 자면서도 이동할 수 있는 자율 주행 자동차? 뭐가 되었든 정말로 미래에 이런 교통수단을 이용할 수 있게 된다면 무척 신이 날 것 같죠. 그런데 미래 교통수단은 지금의 교통수단과 무엇이 다를까요? 더 빨리, 더 안전하게 목적지에 도착한다는 것 말고도 우리가 미래 교통 수단에 관해 중요하게 따져 봐야 할 것은 또 없을까요?

 유하야, 안녕. 나 놀러 왔어. 히익! 이게 다 뭐야! 장난감 차가 더 늘었네?

 야야! 장난감이라니! 이건 모형 자동차라고! 그리고 단 한 대도 똑같지 않아! 이쪽은 중장비! 이쪽은 세단! 이쪽은 SUV! 그리고 여긴 바로바로 미. 래. 자. 동. 차! 하하하, 최근에 새롭게 추가된 코너지!

 으이그, 못 말려 진짜. 근데 어디가 미래 자동차라는 거야? 그냥 일반 자동차랑 똑같이 생겼는데?

 어허! 무슨 소리! 이건 수소를 연료로 하는 친환경 자동차라고! 완벽한 미래 자동차는 아니지만 현재와 미래 중간쯤 있는 차랄까?

 수소 연료?

휘발유로 달리며 배기가스를 내뿜는 자동차와는 차원이 다르지! 충전된 수소랑 공기 중에 있는 산소를 결합해서 만든 전기로 달려. 그래서 배기가스 대신 깨끗한 물이 나온다고.

오? 진짜? 하긴 경유 자동차에서 나오는 배기가스 때문에 미세 먼지가 더 심해진다고 들은 것 같아.
울 아빠도 다음에는 전기 차로 바꾸신다고 하던데.

요즘 나온 경유 자동차는 의무적으로 미세 먼지 저감 장치를 달도록 돼 있어. 뭐 그렇다고 해서 친환경적이라고 할 수는 없지. 그래서 외국 기업 중에는 앞으로 한국에서만큼은 경유 차를 팔지 않기로 선언한 곳도 있어.
이제 전기 차 같은 친환경 차만을 만들어 팔겠다는 거지.

정말? 그럼 이제 점점 더 많은 사람이 전기 차나 수소 차를 타고 다니겠네? 전기 차라고 하니까 진짜 미래를 달리는 자동차 같아.

생각보다 이미 전기 차를 타는 사람이 많아.
나라에서 환경에 도움이 되는 자동차를 타게 하려고 친환경 자동차 구매비를 보조해 주고 있거든.

우와, 진짜? 미래 자동차는 하늘을 날고 스스로 움직이는 것만 생각했는데 환경에 도움이 되는 자동차도 있구나.

맞아. 미래 교통수단이 얼마나 우리를 더 편하게 만들어 주느냐도 중요하지만 환경 오염을 시키지 않는 것도 신경 써야 할 부분이야.
어른들이 미래를 살 우리에게 깨끗한 지구를 물려주기 위해 이런 노력을 하는 거라고 들었어.

그렇게 생각하니까 어른들한테 무지 고마운데?
근데 바하나는 왜 저렇게 되었을까?

바하나가 미래로 돌아가기 전에 우리가 마음을 돌릴 수 있을까?

할 수 있어! 미래 교통수단이 지금과는 어떻게 달라져야 하는지 또 왜 그래야 하는지 계속 설명해 주자고.
어떤 아이디어가 있을지 우리 같이 생각해 보자.

단어 찾기 퍼즐

다음은 미래 교통수단에 속하는 단어들이 숨겨져 있는 퍼즐입니다. 보기를 읽고 그에 해당하는 알맞은 단어를 찾아보세요.

보기

1. 진공에 가까운 관을 통과하여 공기의 저항 없이 빠르게 이동하는 미래 교통수단.
2. 낙하산처럼 등에 메거나 몸에 착용해 하늘을 날 수 있는 1인 이동 수단. 분출 장치를 통해 고온, 고압의 폭발력을 방출하면서 추진력을 얻는다.
3. 사람이 운전하지 않고 스스로 주행하는 자동차.
4. 일반 킥보드에 전기가 충전된 배터리를 달아 움직이는 1인 이동 수단.

하	루	드	보	킥
자	이	파	치	동
율	제	퍼	조	전
주	트	팩	루	보
행	자	동	차	프

정답: ❶하이퍼루프 ❷제트팩 ❸자율 주행 자동차 ❹전동 킥보드

5장

한 걸음 더 가까이

함께하는 고민 그리고 약속

"우리가 이렇게까지 설득하는데 아직도 그 일인자 자리가 포기가 안 돼요?"

"꼬맹아, 네가 뭘 안다고 나한테 훈계야!"

유영이가 팔짱을 끼며 말했다.

"지금 당장 제일 빠른 걸 만들면 뭐 해요. 기술은 계속해서 발전할 거고 10년 뒤, 20년 뒤엔 아무 의미 없을 거예요. 차라리 오랜 시간이 흐른 후에도 세상에 도움이 되고 의미가 될 만한 에어 택시를 만드는 건 어때요?"

"그래! 좋은 생각이야! 저희가 아이디어 구상을 같이 고민해 줄게요.

개발은…… 바하나가 해요. 크히히."

나와 유영이의 끈질긴 설득에 바하나는 조금씩 흔들리는 것 같았다. 그때였다. 옆에서 잠자코 우리의 대화를 지켜보던 엄마가 다시 입을 열었다.

"바하나, 당신 가족 이야기를 알고 있어요. 당신이야말로 무분별한 기술 개발로 인해 억울하게 가족을 잃었던 상처가 있는데 이제는 당신이 그 사람들이 했던 짓을 똑같이 하려는 건가요?"

"당신 뭐야? 대체 나에 대해 어디까지 알고 있는 거지?"

바하나는 뭔가 큰 비밀을 들킨 것 같은 얼굴이 되어 엄마에게 다그쳐 물었다.

"바하나 당신도 나에 대해서 이미 많은 걸 알고 있지 않나요? 내가 당신을 미래로 다시 돌려보내 줄 수 있을 거라고 믿는 것도 그래서겠죠. 나도 당신에 대해 조사를 좀 했어요. 당신은 자율 주행 알고리즘을 개발하던 아버지를 두었죠. 당신의 아버지는 인류의 미래를 위해 바른 목소리를 낼 줄 아는 분이었고요. 하지만 그런 당신 아버지는 눈앞의 이익과 적당히 타협하는 다른 개발자들에게 눈엣가시였겠죠. 그래서 그들은 나쁜 마음을 먹고 당신의 가족들을 해치게 된 거고요."

"그만! 그만해! 더 이상 듣고 싶지 않아!"

바하나는 괴로운 듯 귀를 막으며 소리쳤다.

"바하나! 괜찮아? 결정만 해. 내가 저들을 모조리 처리해 줄게."

바하나가 주저앉아 괴로워하는 모습을 본 빔이 자리를 박차고 일어났다. 처…… 처리해 준다니. 누구를? 우리를 죽이기라도 하겠다는 건가? 나는 갑자기 덜컥 겁이 났다.

"그래. 그 나쁜 인간들이 아버지가 개발하신 자율 주행 알고리즘에 장난을 쳤지. 그날 밤 우리 가족은 아버지가 새로 개발하신 알고리즘을 경험도 해 볼 겸 자율 주행 차를 타고 드라이브를 하기로 했었어. 불행인지 다행인지 난 마침 그날 일이 바빠 함께할 수 없었지. 그렇게 자율 주행 자동차 사고로 난 한순간에 가족 모두를 잃었어."

바하나는 빔에게 괜찮다는 손짓을 하며 다시 소파에 걸터앉았다. 그리고 아주 씁쓸한 목소리로 자신의 이야기를 이어 나갔다.

"그 사고 이후 나는 연구실 밖을 나오지 않았어. 연구에 몰두하지 않으면 괴로워서 살 수가 없었거든. 먹지도 않고 잠도 안 자고 오로지 알고리즘 개발 연구에만 몰두했어. 그리고 아버지의 사고 원인도 내가 직접 밝혀 그 나쁜 인간들이 처벌 받을 수 있도록 했지. 아버지가 하셨던 일을 나도 하게 되었다는 사실에 난 늘 자부심을 느꼈어. 하지만 아버지는 물론 어머니와 언니까지 그 사고로 잃게 되니 나도 나쁜 마음이 들었던 게 사실이야. 늘 양심적이고 바른 소리만 하셨던 우리 아버지는 결국 억울하게 돌아가셨으니 말이야."

나는 바하나의 고백을 듣고 할 말을 잃었다. 정말 영화에서나 볼 법한 이야기였다. 놀란 건 유영이도 마찬가지인 듯했다. 유영이 눈에 눈물이 고이기 시작했다.

"하지만 바하나! 그렇다고 해서 당신까지 나쁜 사람이 되면 안 된다는 거 알잖아요. 흑…… 진짜 나쁘네요! 그 사람들이 진짜 악당들이야! 바하나도 그런 사람들과 똑같은 사람이 되고 싶은 거예요? 아버지가 아시면 정말 흑…… 슬퍼하실 거예요!"

유영이는 눈물을 뚝뚝 흘리며 바하나에게 말했다. 바하나는 유영이의 눈물을 보고 더욱더 흔들리는 것 같았다.

"처음 이 집을 찾아올 때만 해도 얼른 에어 택시를 찾아 미래로 돌아갈 생각뿐이었어. 내일이 바로, 정부에서 내 새 에어 택시를 상업적으로 사용할 수 있도록 허가를 내 주기로 한 날이거든. 내 에어 택시가 도의적으로 문제 있다는 걸 알지만 주변에 방패막이 되어 주는 사람들이 있었어. 이 에어 택시가 세상에 나오게 되면 큰돈을 버는 건 시간 문제니까. 하지만 어린 너희들이 이렇게까지 진심으로 우리나라의 미래를 걱정하고 단호하게 날 설득하니 어른으로서 매우 부끄러워진다."

바하나는 고개를 숙인 채 허탈한 목소리로 말했다. 우리의 말이 바하나의 마음에 닿은 것일까?

"과거에서 온 우리가 보기에도 두 어린이가 무척 똑똑하고 바른 생각을 하는 듯싶소. 이야기를 쭉 듣다 보니 나이는 어려도 이 친구들이 하는 말 중에 틀린 말이 하나 없던데. 이만하면 바하나 당신도 생각을 고쳐먹는 게 좋겠소."

전영실 아저씨가 바하나의 어깨를 툭툭 두드리며 말했다.

"당신의 에어 택시를 불시착하도록 조종한 건 내가 맞아요. 내가 당신을 만나 직접 설득해 볼까 생각도 해 봤지만 정부의 허가를 코앞에 둔

시점에서 당신이 내 말을 들을 리 없다고 생각했죠. 그래서 미래에서 온 당신과 우리 조상들 그리고 202X년 아이들이 한자리에 모일 수 있도록 꾀를 낸 거예요. 미래를 살게 될 우리 아이들과 조상들에게 우리의 미래가 자랑스러울 만한 것이어야 하지 않겠어요, 바하나 씨? 그리고 난 당신이라면 그런 자랑스러운 교통 통신 수단을 개발할 능력이 충분하다고 생각해요."

엄마의 진심 어린 말에 바하나 아줌마의 눈동자는 크게 흔들렸다. 그리고 뭔가를 결심한 듯 입을 열었다.

"좋아요. 날 미래로 돌려보내 주면 이번 에어 택시 개발은 없던 일로 하겠어요. 물론 이제 와서 모든 걸 뒤엎는다면 내가 치러야 할 대가가

 매우 크겠지만…… 그동안 기술 개발자로서 비양심적으로 명예와 돈만을 쫓았던 과거를 반성하는 의미로 기꺼이 값을 치르겠어요."

 "우와! 정말요? 바하나, 진짜죠? 정말이죠?"

 바하나의 큰 결심에 유영이는 방방 뛰며 기뻐했다. 물론 나도 유영이만큼이나 무척 기뻤다. 나와 유영이가 나쁜 마음을 먹었던 어른을 설득했다니! 그것도 미래에서 온 어른을! 으흐흐.

"그럼 이제 우리도 과거로 돌아갈 수 있는 거요? 한시가 바쁘오. 나는 어서 돌아가서 하던 일을 때려치우고 오늘 겪었던 일을 소설로 만들어서 팔 거라오. 허무맹랑한 소설인 것 같지만 분명 사람들이 관심 있어 할 거요! 난 곧 돈을 쓸어 담을 게요, 으하하하!"

"암요, 나리! 그러시고말고요!"

나와 유영이만큼 아저씨들도 신이 난 것 같았다. 음? 근데 뭔가 좀 이상한데?

"아저씨, 뭐예요! 지금 다 같이 감동 모드인데 분위기 깨지게 정말 이러실 거예요?"

유영이가 아저씨들을 나무랐다.

"자, 그럼 모두 절 따라오시죠. 모두 안전하게 각자의 자리로 보내 드릴 테니. 아, 유영이 넌 어서 집에 가거라. 사회적 거리 두기 하라고 했지, 너희들! 유하는 독서 노트 다 썼니? 엄마 돌아와서 확인할 거야!"

"왜요, 왜요. 아줌마! 저도 갈래요 저도 데려가 주세요!"

엄마가 손님들을 이끌고 현관을 나서자 유영이가 아쉬운 마음에 발을 동동 굴렀다. 사실 나도 궁금하다. 엄마는 손님들을 어떻게 각자의 세계로 돌려보내 준다는 거지? 그럼 나도 나중에 미래 여행 한번 시켜 달라고 졸라 볼까? 으히히.

2050년 1월 6일

정말 오랜만에 일기를 써 본다. 사각사각 연필이 종이에 닿는 소리가 듣기 좋다. 2050년엔 굳이 스스로 연필을 들지 않아도 된다. 오늘 내가 한 일, 겪었던 일, 그 와중에 느꼈던 감정 모두 알아서 기록되고 저장되기 때문이다. 하지만 나는 오늘 내가 느낀 감정에 대해 직접 기록하고 싶어졌다.

오늘은 매우 뜻깊은 날이자 감회가 새로운 날이었다. 지난 몇 년간 몰두해 왔던 타임머신 개발 프로젝트가 드디어 시범 운행을 시작했다. 프로젝트 총 책임자인 나는 과거의 미래 연구소 박사와 교신을 시도했다. 그리고 오늘 나는, 내 나이쯤의 어머니를 다시 만나 뵀다. 30여 년 만에 다시 보는 젊은 시절 어머니의 모습이었다. 연구소에서 일하시던 모습은 그런 모습이었구나. 어머니가 미래 교통 통신 연구소에서 박사로 일한다는 사실을 알게 된 지 벌써 수십 년이 지났지만 나는 한 번도 어머니가 일하는 모습을 볼 수 없었다. 업무상 비밀에 부쳐야 하는 것들이 많기 때문이었다.

나는 연구 막바지 단계에 접어든 타임머신 프로젝트 보고서를 어머니가 계신 과거의 연구소로 공유했다. 화면을 공유하면서 나는 어머니의 모습을 볼 수 있었지만, 어머니는 내 목소리만 들을 수 있도록 설정했다. 미래의 아들과 일을 한다는 사실을 알게 되면 조금은 혼란스러우실 수도 있을

테니 말이다. 어머니에게 현재 진행하고 있는 프로젝트에 관해 설명하고 긴밀히 협조해 달라고 요청했다. 어머니는 흔쾌히 우리 프로젝트에 참여하기로 했다. 앞으로 연구자로서 능력을 발휘할 어머니의 또 다른 모습이 기대된다.

현재 골칫거리로 여겨지고 있는 바하나의 에어 택시 개발 문서가 곧 어머니에게 전달될 예정이다. 물론 어머니는 미래의 내가 문서를 보냈다고는 생각하지 못하시겠지. 어머니의 번뜩이는 아이디어와 노력으로 이 일은 곧, 잘 마무리가 될 것이다. 왜냐하면 초등학교 3학년인 나와 유영이 그리고 그날 만난 또 다른 조력자 전영실, 나봉수 아저씨가 열심히 바하나를 설득할 테니 말이다. 오늘 어머니와의 교신을 통해 나는 또 한 번, 앞으로 연구자로서 어떤 삶을 살아야 할지 생각해 보게 됐다.

모든 것이 인공 지능화된 세상. 인간의 감정마저 복제할 수 있는 시대가 도래할 거라며 많은 이들이 우려의 목소리를 높이고 있지만, 나는 오늘 과거의 어머니와 만나 잠시나마 마음 따뜻한 시간을 보낼 수 있었다.

기술 개발자, 연구원이 어떤 마음으로 연구와 개발에 매진해야 하는지가 무척 중요하다고 하셨던 어머니의 말씀. 나는 그 말씀을 오늘 한 번 더 마음에 새겼다. 모든 것이 기계화되어 건조하고 팍팍하게 느껴지는 우리 삶 가운데서도 때론 이 기술을 통해 우리가 잊고 있었던 마음을 다시 꺼내 볼 수도 있다는 것을 느꼈으니 말이다. 그 시절 어머니께서 날 얼마나 믿고 사랑하셨는지…….

나는 오랜만에 그 감정을 다시 느끼며 많이 행복했다.

커넥티드 카, 어디까지 발전했을까?

커넥티드 카는 자동차에 사물 인터넷 기술이 결합된 자동차를 뜻해요. 원격 조종으로 외부에서 차 시동을 걸 수도 있고 히터나 에어컨을 미리 켜 놓을 수도 있지요. 통신망에 연결된 자동차이므로 차 안에서 인터넷도 가능해요. 날씨나 뉴스, 이메일 등을 확인할 수 있고 스마트폰과 연동하며 동영상을 시청하거나 전화를 걸고 받을 수도 있어요. 사고가 났을 때는 센서를 작동시켜 사고 난 장소 정보를 구조 센터로 바로 보낼 수 있으며 실시간으로 빠른 길을 안내 받을 수도 있답니다.

커넥티드 카에 따른 사용자 사용성의 변화

차량 내부 사용성 스마트폰 중심

- 차량 점검 및 관리
- 차량 고장 진단
- 차량 원격 제어

스마트폰 클라우드

공간 연속성

- 웨어러블 기기를 통한 운전자 상태 체크
- 웨어러블 기기를 통한 경고 알림
- 웨어러블 기기를 통한 차량 원격 제어

차량 클라우드

자동차도 하나의 컴퓨터로 성장해 나가고 있는 상황에서 스마트폰처럼 차량용 전용 애플리케이션도 발전해 나가고 있어요. 주행 정보와 차량 정보를 자체 분석하고, 내비게이션의 정확도를 높일 뿐만 아니라 고장 진단도 가능하답니다. 이 정보를 정비, 주유, 세차 등의 서비스와 결합한 애플리케이션이 개발된다면 얼마나 편리할까요?

커넥티드 카 서비스의 진화

차량용 앱 다운로드
- 차량용 앱 사용성 제공
- 다양한 차량용 앱 제공
- 앱 다운로드 및 결제

차량용 클라우드 활성화
- 주행 경로 분석
- 차량 데이터 분석
- 다양한 서비스 제공

주문형 서비스 활성화
- 승차 공유 서비스
- 주차장 공유 서비스
- 주문형 정비, 주유, 세차

- 차량 자체 네트워크 구축
- 차량 전용 헤드유닛 앱 다운로드 및 실행
- 헤드업 디스플레이(HUD) 적용

차량 내부 사용성 헤드유닛 중심

- 차량 정보 표시 및 관리
- 웨어러블 기기를 통한 운전자 상태 체크
- 헤드유닛과 스마트폰의 연동

 토론왕 되기!

인간의 존엄성 vs 기술 개발, 무엇이 먼저일까?

여러분은 SF(공상 과학) 영화를 좋아하시나요? SF 영화의 단골 소재는 아마도 로봇으로부터 지구를 지키기 위해 싸우는 영웅 이야기일 것입니다. 기술이 발전할수록 많은 사람이 '언젠가는 로봇이 지구를 정복하는 건 아닐까?'라는 고민을 한다는 뜻이겠지요. 여러분은 언젠가 우리도 로봇과 맞서 싸우는 날이 올 것 같나요? 실제로 과학자들 사이에서는 로봇 개발을 두고 의견이 엇갈리기도 해요. 어떤 기업에서는 전쟁에 사용할 킬러 로봇을 만들다 많은 이들의 비난을 받기도 했지요. 또 누군가는 로봇이 사람들의 일자리를 빼앗아 간 만큼 세금을 내야 한다고 주장해요. 여러분의 생각은 어떤가요? 로봇과 인류가 함께 건강하고 안전하게 공존하려면 미래의 로봇은 어떻게 만들어져야 하는 걸까요? 아래 두 사람의 대화를 읽고 친구들과 함께 생각을 나누어 봐요.

 휴, 이제 다들 돌아갔네. 아참, 나 아까 급하게 온다고 휴대 전화 놓고 왔어. 너 우리 엄마 번호 알면 전화 좀 걸어 줘 봐.

 난 저장 안 되어 있지. 무슨 자기 엄마 휴대 전화 번호도 모르냐!

 휴대 전화에 다 저장이 돼 있으니까 외, 외울 필요가 없지! 그러는 넌! 넌 외워?

 당연하지! 010-734? 3? 응? 잠깐만…….

 이봐 이봐! 너도 못 외우네! 잘난 척은? 참나, 크크.

근데 네 말대로 휴대 전화에 번호가 다 저장돼 있으니까 직접 번호를 누를 일이 없기는 해. 우리 이러다 나중엔 아예 멍청이가 되는 건 아닐까? 바하나 말대로라면 미래 세상에는 우리가 생각만 해도 모든 사물이 알아서 움직이잖아. 외우지 않아도 되고 움직이지 않아도 되고. 그러다가 바보가 되면 어쩌지?

진짜 그럴 것 같아. 무서워, 히잉. 그러니까 너무 기술이 발전되는 것도 안 좋다니까! 여기서 그냥 멈추는 게 좋을 것 같아.

그래도 자율 주행 자동차는 타 봐야지. 그럼 진짜 먼 미래에는 운전할 줄 아는 사람이 아무도 없겠네?

나중에 로봇들이 공격할 때 운전을 못 하면 어떻게 도망가냐고! 이미 자율 주행 자동차가 해킹당했으면? 직접 운전해서 도망가야 하는데에에!

그땐 에어 택시를 불러서 도망가면 안 될까? 키킥.

너희 엄마가 미래 교통 통신 연구소 박사님이잖아. 우리 심각하게 대화를 해야 할 것 같아. 미래 교통 통신 기술 이대로 괜찮은가!

무슨 토론 방송하냐? 근데 네 말을 들으니까 울 엄마는 어떻게 생각하시는지 궁금하다. 인간이 바보가 되든 말든 기술이 무작정 발달하는 게 진짜로 좋은 건지 모르겠어.

이미 인공 지능이 사람을 대신해서 할 수 있는 일이 늘어나고 있잖아. 간단한 기사 작성도 하고 소설도 쓰고 작곡도 한다던데? 나중에 우린 진짜 어떡하냐.

넌 통신 기술 개발자, 난 교통 기술 개발자 하면 되지. 키키.

글쎄. 미래엔 그것마저 인공 지능 로봇이 다할 수 있을 것 같은데. 배움 노트 쓰고 독서 노트 열심히 쓰면 뭐 해. 결국 우린 로봇의 제물이 되고 말 거야. 끄아아아악.

그렇게 되지 않으려면 어떻게 해야 할지 생각해 보자.

O, X 퀴즈

다음은 요즘 활발하게 개발 중인 커넥티드 카에 관한 설명입니다.
맞는 내용은 O, 잘못된 내용은 X로 표시해 주세요.

1 커넥티드 카는 스마트폰과는 전혀 상관없이 이용 가능한 시스템이다

2   앞으로는 차량용 애플리케이션이 활발하게 개발되어 이용할 수 있을 것이다.

3 아무리 커넥티드 카가 편리해진다고 하더라도 자체적으로 차량 고장을 진단하기는 어렵다.

4  앞으로는 차량에 필요한 모든 것들을 차량 자체 시스템을 활용하여 주문 및 결제도 할 수 있을 것이다.

정답: ①X, ②O, ③X, ④O

어려운 용어를 파헤치자!

교통 법규 사람이나 차가 길을 오갈 때 지켜야 할 사항을 정한 법령과 규칙을 말해요.

백신 영어 단어 'vaccine'을 외래어 표기법에 따라 적은 말입니다. 특정 질병 혹은 병원체에 대한 후천적인 면역을 부여하는 의약품을 뜻하지요. 다시 말해, 우리가 특정 질병에 걸리지 않기 위해 미리 맞는 예방 주사가 백신이에요. 질병을 일으키는 미생물 병원체인 세균을 끓이거나 약품으로 약하게 만들어 주사기를 이용해 우리 몸에 넣으면 우리 몸은 면역체계를 활성화하면서 다음에 들어올 진짜 병균을 이겨 낼 수 있는 힘을 기른답니다.

불시착 비행기가 비행 도중 기관 고장이나 기상 악화, 연료 부족 등을 이유로 목적지에 닿기 전에 예정되지 않은 장소에 착륙하는 것을 말해요.

센서(sensor) 소리, 빛, 온도, 압력 등에 민감하게 반응하는 기계적 부품 또는 그러한 것을 갖춘 기계 장치를 말해요. 오늘날 통신 수단에서 없어서는 안될 중요한 요소지요.

스캔(scan) 파일이나 프로그램의 내부를 검색하여 필요한 항목을 찾는 일을 뜻해요.

시범 운행 실제로 운행을 하기 전에 시험 삼아 운행하는 일을 말해요.

연동 기계나 장치 따위에서, 한 부분을 움직이면 연결된 다른 부분도 잇따라 함께 움직이는 일을 말해요. 스마트폰이 블루투스 스피커와 연동되었다면 스마트폰에서 재생하는 음악을 블루투스 스피커로 들을 수 있는 것이지요.

미래 교통과 통신 관련 사이트

한국 철도 기술 연구원 www.krri.re.kr
최고 속도 1000㎞/h 이상으로 달릴 초고속 하이퍼튜브를 비롯해 열차끼리 직접 통신하여 열차를 제어하는 차세대 무선 통신 기반 열차 제어 시스템, 남·북 및 러시아 철도를 연결할 동북아 궤간 가변 공동 화차 등 미래 철도 교통 기술을 연구하는 곳이에요.

한국 교통 연구원 www.koti.re.kr
교통·물류 정책 및 기술을 연구·개발하고 교통 정책에 관련된 국내외 각종 정보를 수집, 조사, 분석하여 이를 널리 보급함으로써 교통 발전에 기여할 목적으로 설립된 공공 기관이에요.

과학기술 정보 통신부 www.msit.go.kr
과학기술 정책의 수립·총괄·조정·평가, 과학기술의 연구 개발·협력·진흥, 과학기술 인력 양성, 원자력 연구·개발·생산·이용, 국가 정보화 기획·정보 보호·정보 문화, 방송·통신의 융합·진흥 및 전파 관리, 정보 통신 산업, 우편·우편환 및 우편 대체에 관한 사무를 관장하는 중앙 행정 기관이에요.

한국 항공 우주 연구원 www.kari.re.kr
과학기술 정보 통신부 산하 항공 우주 과학기술 관련 기타 공공 기관 재단 법인이에요. 우주 항공 기술 개발, 항공 공학의 발전과 기술 개발 및 보급 등을 통한 경제 발전과 국민 생활 향상시키는 데 그 목적을 두고 있지요.

신나는 토론을 위한 맞춤 가이드

유영이, 유하와 함께 미래 교통과 통신 기술에 대해 재미있게 읽었나요? 앞으로 다른 친구들에게 미래 기술에 대해 자신있게 설명할 수 있겠죠? 그 전에 마지막 단계인 토론을 잊지 마세요. 토론을 잘하려면 올바른 지식과 다양한 정보가 바탕이 되어야 해요. 책을 다 읽고 친구 또는 부모님과 함께 신나게 토론해 봐요!

잠깐! 토론과 토의는 뭐가 다르지?

토론과 토의는 모두 어떤 문제를 해결하기 위해 의견을 나누는 일입니다. 하지만 주제와 형식이 조금씩 달라요. 토의는 여러 사람의 다양한 의견을 한데 모아 협동하는 일이, 토론은 논리적인 근거로 상대방을 설득하는 일이 중요합니다. 토의는 누군가를 설득하거나 이겨야 하는 것이 아니기 때문에 서로 협력해서 생각의 폭을 넓히고 좋은 결정을 내릴 때 필요해요. 반면 토론은 한 문제를 놓고 찬성과 반대로 나뉘어 서로 대립하는 과정을 거치지요. 넓은 의미에서 토론은 토의까지 포함하는 경우가 많습니다. 토론과 토의 모두 논리적으로 생각 체계를 세우고, 사고력과 창의성을 높이는 데 도움을 준답니다.

토론의 올바른 자세

말하는 사람
1. 자신의 말이 잘 전달되도록 또박또박 말해요.
2. 바닥이나 책상을 보지 말고 앞을 보고 말해요.
3. 상대방이 자신의 주장과 달라도 존중해 주어요.
4. 주어진 시간에만 말을 해요.
5. 할 말을 미리 간단히 적어 두면 좋아요.

듣는 사람
1. 상대방에게 집중하면서 어떤 말을 하는지 열심히 들어요.
2. 비스듬히 앉지 말고 단정한 자세를 해요.
3. 상대방이 말하는 중간에 끼어들지 않아요.
4. 다른 사람과 떠들거나 딴짓을 하지 않아요.
5. 상대방의 말을 적으며 자기 생각과 비교해 봐요.

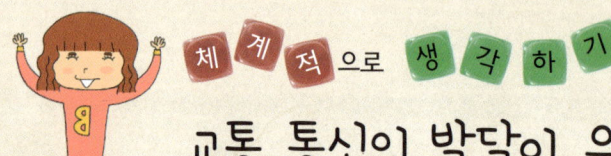

체계적으로 생각하기

교통 통신의 발달이 우리 삶에 어떠한 영향을 미쳤을까요?

기술의 발달로 우리가 사용하는 통신과 교통에서 무수한 발전이 이루어졌습니다. 그리고 이 발전을 통해 우리 삶에도 많은 변화가 생겼지요. 다음 글을 읽고 어떤 변화가 있었는지 생각해 보세요.

2019년 귀농 가구는 11422가구였고 귀어 가구는 904가구였습니다. 귀촌 가구도 317660가구에 달했고요.

2010년 이후 유행했던 귀농과 귀촌이 지금은 다소 주춤하는 추세지만 그래도 귀농, 귀촌 인구는 꾸준하게 생기고 있습니다.

귀농, 귀촌자의 연령이 젊어지고 있다는 점도 주목할 만한 내용이지요. 예전에는 은퇴 후 고향으로 돌아가 농사를 짓거나 노년을 보내는 식이었다면, 지금은 농촌에서의 또 다른 삶을 꿈꾸며 청년 또는 중년 시기에 이동을 합니다.

농촌 문제 전문가들에 따르면 교통 여건이 좋아지고, 정보 기술 환경이 발달함에 따라 농촌에서의 기회가 더 많아졌다는 것도 이유라고 설명합니다. 예전에는 젊은 층이 농촌으로 이주하면 기존의 커뮤니티도 끊어지고, 노년층이 주를 이루던 농촌 지역에서 적응하기가 쉽지 않았어요. 하지만 이제는 IT를 기반으로 한 정보 교환을 통해 새로운 비즈니스를 창출하고 젊은 층끼리 새로운 커뮤니티를 형성하기도 하지요.

한국 농촌 경제 연구원에 따르면, 도시의 높은 주택 가격, 고용 불안정 등이 이탈 원인이고, 교통 통신의 발달에 따른 거주지 선택의 제약 약화, 경제 발전에 따른 국민의 가치관과 생활 양식의 변화 등이 농촌 유입 이유라고 설명했어요.

1. 젊은 연령층의 귀농, 귀촌자의 인구가 늘고 있는 이유를 교통 통신의 발달과 연결하여 무엇이라고 설명하고 있나요?

2. 여러분은 교통 통신이 지금보다 더 발전하면 농어촌 지역으로 이동할 생각이 있나요? 찬성과 반대 입장을 정해서 생각해 보세요.

찬성

반대

논리적으로 말하기 1
자율 주행 자동차, 먼 미래의 일일까요?

다음은 자율 주행 자동차가 실제로 상용화될 거라는 글이에요. 읽고 질문에 답해 보세요.

자율 주행으로 달리는 대중교통 수단이 곧 출시될 것 같아요. 지금도 일반 승용차에 자율 주행 모드를 적용할 수는 있지만, 운전자의 목적지에 따라 모든 상황을 커버해야 하기 때문에 완전한 자율 주행이라고 할 수는 없지요. 고도의 자율 주행 성능이 필요하기 때문에 상용차 출시에는 시간이 좀 더 걸릴 거예요. 하지만 정해진 노선만을 달리는 대중교통은 기술적인 난이도가 높지 않아 상용화될 것이라고 기대가 크지요.

국토 교통부는 2019년 12월, 일반 버스가 오가는 실제 도로 상황에서 자율 협력 주행 기반의 대형 전기 버스 운행을 시연했어요. 자율 협력 주행이 뭐냐고요? 자율 주행자 및 일반 차량이 인프라와 협력해 안전한 도로 주행을 구현하는 기술을 말하지요.

국토 교통부는 도심에서도 자율 주행 기반의 대중교통이 가능하도록 2018년부터 기술을 개발해 왔어요. 2021년까지 약 134억 4000만 원이 투입된 프로젝트이지요. 2019년 자율 협력 주행 버스(레벨3) 운행 시연은 세종시에서 이루어졌어요. 세종시 BRT(세종 고속 시외 버스 터미널−도담동, 6km 구간)에서 이루어졌지요. 운전자가 버스 시스템에 제어권을 전환한 후, 버스는 제한 속도 50km/h에 맞춰 일반 버스 주행 상황에서 자율 협력 주행을 실시했어요. 정류장에서는 정해진 정차 칸 내에 정밀 정차까지 완료했고요. 이 버스는 주행 중 교통 신호 정보를 받아 신호에 맞춰 정지 및 주행을 했고, 선행 차량의 주행 정보와 선행 차량이 수집한 도로 정보(정차 및 돌발 상황)를 뒤따라오는 차량에 제공하기도 했답니다.

이 기술이 완벽하게 성공해서 대중화된다면, 대중교통 소외 지역 등 비수익 노선 혹은 출퇴근 시간 탄력 운용 등에 자율 협력 주행 기반의 서비스를 제공할 수 있게 될 것이에요. 운전자가 없는 버스, 등장할 날이 얼마 안 남은 것 같죠?

1. 자율 협력 주행이 무슨 뜻인가요?

2. 자율 주행 자동차가 버스 같은 대중교통에 적합한 이유는 무엇일까요?

3. 자율 주행 자동차가 완성되어 실제로 운용된다면, 어떤 점이 편리해질까요?

논리적으로 말하기 2

통신 기술, 얼마나 더 빨라질까요?

현재 최신 통신 기술은 5G(5세대)인데, 연구자들은 벌써 6G 시대를 예견하고 있답니다. 다음 글을 읽고 통신 기술의 발달이 가져올 미래를 생각해서 말해 보세요.

곧 6G 시대가 찾아옵니다. 6G 시대에는 스마트폰뿐만 아니라, 증강 현실(AR) 안경, 가상 현실(VR) 헤드셋, 홀로그램 기기 등 다양한 기능을 가지는 디바이스들이 6G 통신 기술을 통해 연결되면서 훨씬 다양한 서비스가 가능해질 거예요. 공상 과학 영화에서나 볼 법한 기술들이 탑재된 서비스를 이제 실제로 체험할 수 있게 된다는 뜻이지요.

통신 업계에서는 6G가 상용화되는 2030년경에는 5000억 개에 달하는 기기와 사물들이 통신 네트워크에 연결될 것으로 전망하고 있어요. 차량, 로봇, 드론, 가전 제품, 디스플레이, 각종 인프라에 설치된 스마트 센서, 건설 기계, 공장 장비 등 일상생활, 산업 등을 아우르는 다양한 기기를 모두 포함하지요.

이 밖에도 6G 시대에는 사물과 사람, 건물이나 공장 등 물리적인 실체를 가상 공간에 그대로 복제하는 것이 가능해질 거예요. 도시 전체를 복제할 수도 있어요. 해산물, 가축 양식 현장이나 제품 생산 공장을 가상 세계에 재현하는 것도 가능하지요. 이렇게 되면 가상 세계에서 대기질 관리 및 폐수 관리, 생산 공정 효율화 등 다양한 상황을 미리 시험해 볼 수 있게 됩니다. 실패를 줄이는 것이지요. 비용과 시간을 모두 절약할 수 있게 되는 거예요.

고정밀 모바일 홀로그램 서비스도 가능해질 거라고 해요. 통신 업계 관계자에 따르면, "6.7인치 디스플레이 크기에 해당하는 3차원 공간에 홀로그램 디스플레이를 지원하기 위해 필요한 최소 전송 속도(0.58Tbps) 구현이 6G 시대부터 가능해진다."고 했어요. 지금 가능한 화상 통화와는 전혀 다른 방식으로, 마치 실제로 사람을 마주 보고 있는 것과 같은 느낌의 소통이 가능해지는 거예요.

1. 어떤 기술이 가능해질지 글을 참고해서 말해 보세요.

2. 6G가 상용화되면, 이후 우리 일상생활에 어떤 변화가 찾아올지 글을 참고해서 말해 보세요.

3. 미래 통신 기술의 발달이 가져다주는 단점은 없을까요? 여러분의 생각을 정리해서 말해 보세요.

창의력 키우기

내가 꿈꾸는 미래 교통 통신 수단은?

여러분이 생각하는 미래 교통 통신 수단의 모습은 어떤가요? 2050년의 유하가 경험한 것처럼 정말 타임머신 사용이 우리 눈앞에 와 있을까요? 여러분이 만나고 싶은 30년, 50년 후의 통신, 교통수단을 상상해 보고 미래에 어떤 도움이 될 수 있을지 그림으로 그리거나 써 보세요.

예시 답안

교통 통신의 발달이 우리 삶에 어떠한 영향을 미쳤을까요?

1. 교통 여건과 정보 기술의 환경 개선 덕분에 농촌에서의 기회가 더 많아졌다고 설명하고 있다. IT를 기반으로 한 정보 교환을 통해 새로운 비즈니스를 창출할 수 있는 기회가 풍부해진 것이다.
2. 찬성-앞으로 교통 통신은 더욱 발전할 것이고, 그때가 되면 물리적인 거리는 크게 문제가 되지 않을 것이다.
   반대-아무리 교통 통신이 발달한다고 해도, 대부분 대도시 중심으로 이루어질 것이므로 가급적 도시 지역에 거주하는 것이 삶에 이로울 것이다.

자율 주행 자동차, 먼 미래의 일일까요?

1. 자율 주행차 및 일반 차량이 인프라와 협력해 안전한 도로 주행을 구현하는 기술을 말한다.
2. 대중교통은 정해진 노선만을 달리기 때문에 기술적인 난이도가 상대적으로 높지 않기 때문이다.
3. 정류장에 기다리고 있는 사람을 파악하여 정확하게 정지할 수 있고, 일부 버스 기사들의 난폭 운전도 막을 수 있을 것이다. 또 갑자기 같은 노선의 버스가 몰린다거나 하는 일도 없을 것이다.

통신 기술, 얼마나 더 빨라질까요?

1. 기본의 스마트폰 기능뿐만 아니라, 증강 현실(AR) 안경, 가상 현실(VR) 헤드셋, 홀로그램 기기 등 다양한 기능을 가지는 디바이스들이 6G 통신 기술을 통해 연결되면서 보다 다양한 서비스가 가능할 것이다.
2. 5000억 개에 달하는 기기와 사물들이 통신 네트워크에 연결될 것이다. 차량, 로봇, 드론, 가전 제품, 디스플레이, 각종 인프라에 설치된 스마트 센서, 건설 기계, 공장 장비 등 일상생활, 산업 등을 아우르는 다양한 기기들과 빠른 속도로 연결돼 원격 조종할 수 있을 것이다.
3. 잘못된 정보가 검증 작업 없이 너무 빨리 많은 사람들에게 퍼질지도 모른다는 생각이 든다. 그리고 너무 빠른 정보 전달 속도 때문에 깊게 사고하고 말하고 행동하는 것이 점점 어려워질지도 모른다는 생각도 든다.

이제 토
AI 시대 미래
토론

✓ 뭉치북스가 만든 국내 최초 토론
✓ 한국디베이트협회와 교육 전문가들이 강력

공부다!
인재를 위한 과서

200만 부 판매 돌파!

✓ **초등 국어 교과서 선정 도서!**
✓ **활용 만점 독후 활동지 각 권 제공!**

- 한우리 추천도서
- 경향신문 추천도서
- 경기도 초등토론 교육연구회 추천
- 경기도 지부 독서 골든벨 선정도서
- 환경정의 어린이 환경책 권장도서
- 학교도서관 사서협의회 추천도서
- 한국 아동문학인협회 우수도서